ケインズの哲学

ケインズの哲学

伊藤邦武

岩波書店

ケインズの哲学　目　次

序　ケインズの哲学的ミリュー

一九四六年四月二一日、ジョン・メイナード・ケインズは六三歳の生涯を終えた。それはケインズが病身をおして、その設立に最後まで情熱を傾けたＩＭＦの調印から二ヵ月後のことであり、国際連合の発足からは六ヵ月後のことであった。日本は敗戦後八ヵ月をすぎていたが、まだ廃墟からの再出発の苦難と混乱のただなかにあったといってよいであろう。

ケインズの訃報が伝えられたとき、世界中の新聞雑誌はその死を悼んで多くの紙面を割いた。『ザ・タイムズ』は、翌日に、首相および二人の閣僚の追悼の辞を掲載するとともに、「ケインズ卿の死によって世界は一人の偉人を失った」で始まる記事と、「彼の死によってわが国はきわめて偉大なイングリッシュマンを失った」で始まる文章の、二つを掲載した。『ニューヨーク・ヘラルド・トリビューン』は、彼が「国際的なスケールでの善意の人」として長く記憶されるであろう、と書いた。そして、ケインズが長期間その編集長をつとめた『エコノミック・ジャーナル』には、「経済学は、一つの世代をつうじてあらゆる論争の中心に位置した人、さまざまな新しい発想の源泉であり、よりよきものをうち立てるために破壊を行った偶像破壊者、われわれの科学の歴史をつうじて他の誰にもまして、人間がその運命の主人となることに貢献した人物の霊感を失ってしまった」という、ハロッドとオースティン・ロビンソンの追悼文が掲載された[1]。

ケインズの死が一般の新聞および経済雑誌において、このような多くの記事によって悼まれ、またその業績が銘記された一方で、哲学の世界ではその死はほとんど注意を引いていない。たとえば、アメリカとフランスを代表する哲学誌『ジャーナル・オヴ・フィロソフィー』と『ルヴュ・フィロゾフィック・ド・ラ・フランス・エ・ド・レトランジェ』のいずれの通知欄にも、ケインズの死は告知されていない。経済学者としての名声をほしいままにして亡くなった思想家を、哲学界がとくに惜しむ必要はなかった、ということであろう。

しかしながら、このような哲学の世界での基本的な無関心のなかで、唯一例外的に本格的な追悼文を掲載した雑誌がある。それはいうまでもなくイギリスの哲学誌であり、しかも当時の国際的な哲学雑誌としてはおそらくもっとも権威のあるものとされていた雑誌、『マインド』である。

『マインド』は一八九二年の創刊、今世紀前半のイギリスにおける分析哲学の黄金時代をになった雑誌であり、その権威は現在でも決してゆらいではいない。とくにその国際的な名声の確立は、一九二一年から四七年まで、三〇年近く編集長をつとめたジョージ・エドワード・ムーアの努力によるところが大であった。ムーアは、以下に見るように、この分析哲学の黄金時代の最大のにない手の一人であり、さらにケインズにとってはケンブリッジでの学生時代の最大の師ともいうべき存在であった。この追悼文は、四六年七月号に掲載されたが、それはちょうど、ケインズの長年の友人であり、またムーアのあとを継いで哲学教授の職にあったウィトゲンシュタインが、ケンブリッジを去る一年前のことでもあった。

ウィトゲンシュタインはよく知られているとおり、ムーア、ラッセルに学んで、のちには彼ら以上に世界の哲学界におけるケンブリッジの影響力を確立した思想家である。そしてウィトゲンシュタインのあと、戦後のケンブリッジの哲学の中心的役割をになった教授が、この文章の筆者ブレイスウェイトである。ブレイスウェイトは、その学生時代に、親友のラムジーとともに、ケインズおよびウィトゲンシュタインの強い影響下にあった。ラムジーはケインズの『確率論』を批判し、さらにはウィトゲンシュタインの『論理哲学論考』の批判を行うことによって、鮮やかに出藍の誉れを示したのであるが、三〇年に二六歳の若さで夭折していた。ブレイスウェイトはケインズの勧めにしたがって、三一年にラムジーの遺稿集を編纂し、また、のちにケインズの全集に『確率論』が収められたときその序文を書くことになる。彼がこのケインズの追悼文を発表したとき、その背後にはすでに、これらムーア、ラッセル、ウィトゲンシュタイン、ケインズ、ラムジーらの親交と相互批判の環によって形成されてきた、五〇年近くに及ぶケンブリッジの哲学の輝かしい伝統があった。そしてその伝統のなかには、ケインズ自身の貢献もまた含まれていた。ブレイスウェイトはこのような伝統を背負って、この記事を書いたのである。

この追悼文は、このように、ある意味では直接の弟子によって身内の者の視点から書かれたものといえる。しかし、そのことがこの記事を一面的な、バランスを欠いたものにしているかといえば、そうではない。むしろわれわれはこの文章によって、哲学者としてのケインズのプロフィール全体を、ひとまとまりの形でほぼ正確につかむことができる。それは、著名な経済学者のもつ別の一面をかいま見せてくれる貴重な資料であり、彼の育った精神的な風土を内側から伝えるものである。

そこで多少長くなるが、以下の考察の出発点を定めるために、まず初めにこの『マインド』のケインズ追悼文を読んで、彼の哲学者としての側面はその死に際してどのように評価されていたのかを、おさえてみることにしよう。そのうえで、このプロフィールを前にしてわれわれが抱くであろう問題関心や疑問点というものがあれば、それを挙げてみることにしよう。われわれは、そうした疑問点を足掛りにして、われわれ自身のケインズ解釈の糸口を見つけだすことができるであろう。

初代ティルトンのケインズ男爵、ジョン・メイナード・ケインズ

ケインズ卿は、プラトンの求めた哲人王の資質を、ほかのどの政治家にもまして完璧に体現していた。また、彼の『確率論』(一九二一)は、帰納法の論理にかんする議論がみのりゆたかなものになるために、非常に多くの貢献をなした。これら二つの理由だけからでも、彼にたいする何らかの頌辞が『マインド』に掲載されてしかるべきであろう。

ケインズによる経済学にたいする貢献、そして国家および世界にたいする貢献を評価するということは、私の任にたえることではない。しかし、門外漢であっても次のような目覚ましい事実を認識することはできる。すなわち、彼の『雇用、利子、貨幣の一般理論』(一九三六)の出版から一〇年のあいだに、その革命的な経済学理論は、専門的な経済学者のあいだで広く受けいれられたばかりではなく、多くの点で国家的な経済政策の基礎を提供してきたという事実である。アダム・スミス以来いかなる経済学者もこれほどの影響力をもった者はいない、というのはまさしく真実である(そしてアダム・スミスもケインズ同様、一人の哲学者でもあったのである)。ケインズはこの影響力を、その議論の妥当性とその文体の説得力によって勝ちえたのであるが、同時に、直面する問題に

たいする具体的な適用の観点に照らして、その一般理論を再考したり、修正したりすることを常にいとわなかった、ということにも負っている。

彼の精神は、批判的な知性は創造的な知性とは両立しないものである、という通俗的な誤謬にたいする完璧な反例であった。彼のたゆみない自己批判がその建設的な想像力を刺激したのであり、その広範囲にまたがる関心が、狭い精神であれば見逃したであろう物事のあいだの関連というものを認識することを可能にしたのである。ケインズにとっては、経済学はつねに、「精神科学〔モラル・サイエンス〕」の一分野であった。彼は数学的な技術が有用であればそれを用いたけれども、数学は良き従者であって悪しき主人である、という信念をもちつづけた。そして、経済学は抽象的な演繹的な体系ではなくて、人間の社会的な幸福の一つの側面にかかわる科学である、という立場をまもりつづけた。彼は好んで自分自身を、彼がいうところの「イングランドの高等知識層」の伝統にたつものと見なしていた（その「ハイ・インテリゲンツィア」には、ロック、マルサス、ミル、シジウィック、アルフレッド・マーシャルが含まれる）。彼自身の道徳観は基本的にムーアの『プリンキピア・エティカ』のそれであった。彼ほどに人間味あふれる功利主義者はいなかったのである。

ケインズは、ケンブリッジの環境のなかに生まれ、そこでモラル・サイエンティストとして育まれた。〔ケンブリッジの哲学者〕C・D・ブロードによって書かれた〔論理学者〕ジョンソンにかんする英国アカデミーの伝記には、ケインズの手紙が引用されているが、そのなかで彼は、子供時代に、父のジョン・ネヴィル・ケインズとジョンソンとが、前者の『論理学』の細かい点をめぐって果てしなく論じつづける席から、どうにかして逃げだそうとするのが常であった、と書いている(一九〇六年に出版されたその第四版には、ケインズによる協力が明記されている)。確率論にかんする彼の研究は、フェローシップ申請論文として始められたものであり、その一部分は、彼がインド省に勤務していた時期に書かれた。エドワード朝時代の悠長な環境においては、もっとも良心的な公僕であってもそうした時間を確保できたのである。ダンカン・グラントによる若きケインズの肖像は、彼がそれを執筆している姿を描いている。彼がケンブリッジにもどって経済学の講師となったこと、また、一九一四―一八年の大戦がその出版を遅らせることになったが、ラッセルはその『哲学入門』(一九一二)を執筆する際に、この研究を利用している。

ケインズの『確率論』が一九二一年に公刊されると、哲学者たちはこれを熱狂的に迎えいれた。というのも、彼らはそこに、ヒュームにたいして返答しようとする真剣な試みを見出したからである。私はその年の学年末休暇にその本を読んだときの興奮をよく覚えており、しかも休暇から帰ってみると、ラムジーがそのなかの一字一句にも納得していないことを知って、さらに驚いたのである！本誌の書評欄(一九二二)においてブロードは、この書物が「確率論にかんしてわれわれがこれからの世代をつうじて出会うであろう最良の研究書となろう」と書いたが、この予言は的中した。ケインズが述べているように、この書はヴェンの『偶然の論理』(一八六六)以来、英語で書かれた確率の論理的基礎にかんする体系的な書物としては、最初のものである。そして、その後現在にいたる二五年間に、真剣な研究者がまず読まねばならない書物として、ケインズの『確率論』に匹敵するものは現われていないのである。

もちろん、その後の時間の経過のなかで、いくつかの論理的な誤りや欠陥が明らかになっている。とくに本書の中心テーゼである次のような主張は、それを最初は受けいれた哲学者の多くによっても、次第に否定されるようになった。その主張とは、確率とは複数の命題同士のあいだに認められる包含関係に比せらるべきものであり、したがって帰納的な推論の結論は、その前提によって、ちょうど演繹的な推論の結論が前提によって包含されるのと同様のしかたで、「蓋然化される」のであるという主張である。しかしながら、ケインズがこの書物を書かなかったならば、哲学者たちが蓋然的な推論と帰納法について考えてきたことは、もっとずっとみのりの少ないものであったであろうという事実は厳然と残っている。ちょうどミルの『論理学の体系』の場合と同じように、ケインズの積極的、否定的な主張双方に含まれた欠陥が、もっと才能のない精神が示したであろうあいまいさやためらい以上に多くのことを、われわれに教えたのである。ケインズはその研究にけっして最終的な解決を主張しているわけではない。彼はそれを、「ほかの人々による批判と発展」とを期待して提示したのである。彼はその出版後提出されたラムジーのプラグマティズムにもとづく方法に、より共感を覚えるようになるが、しかしそれが「合理的な」信念の分析において、完全に成功しているとは考えなかった。「〔ラムジーのように〕帰納的な推論が有用な精神的習慣である、というだけでは、帰納法の原理の根本にまで届いているとはいえないのである」(『人物評伝』一九三二、三〇一頁)。

ケインズの多方面にわたる活動は、彼がケンブリッジの精神科学科(モラル・サイエンス・ファカルティー)において公の活動をになう余裕を与えなかった。しかし、教官選考委員として、彼はブロードとウィトゲンシュタインが教授に就任するための手助けをした。さらに、彼が後輩の人々に与えた励ましと協力とによって(そのなかには、ウィトゲンシュタインやラムジー、そして私自身も含まれるのであるが)、われわれは哲学者が孤立した奇人ではなくて、思想の生きた伝統の一部をわかちあう者であるということを、実感することができた。彼の趣味の一つは、この思想の伝統をになった代表的な人々の著作を蒐集することであった。その蒐集の過程で、彼はヒュームの『人間本性論』の『梗概』(一七四〇)を発見し出版したが、彼はそこでこの『梗概』がヒューム自身によって書かれたものであることをきわめて巧みに証明してみせた。ケインズが手を染めた人間の活動は、いずれもその新たな魅力を引き出されることなく終わることはなかったが、古書蒐集もその例にもれなかったのである。

——さて、『マインド』のケインズ追悼の記事は、以上のようなものである。この、今から五〇年ほど前に哲学雑誌上にまとめられた業績を読んで、われわれが思い描く思想家像はどのようなものであろうか。

ブレイスウェイトの描いたケインズとは、まず、ロックやシジウィックを含む「イングランド高等知識層」の伝統に連なることを自負している思想家である。彼は、父ジョン・ネヴィルやジョンソンといった、論理学者たちの細々とした議論や討論のなかで、「モラル・サイエンティスト」として育てられた。そして、ケンブリッジの哲学の巨頭、ムーアやラッセルとの緊密な知的影響関係にたち、さらには、ウィトゲンシュタインやラムジーら、彼よりも年下の哲学者たちの後見人の役割を果たした。彼自身の業績は、『確率論』における蓋然的判断と、帰納的推論にかんする論理的研究によって、多くの哲学者に影響を与えたところにある。彼はこのテキストによって、「ヒュームにたいして返答」し、また、ヒュームについての文献学的研究によっても、哲学史研究に貢献した——。

ブレイスウェイトの文章をこのように要約すると、ケインズがその哲学的業績にかぎってみても、いかにその華やかな才能を発揮し、恵まれた知的環境のなかで、広い視野に立った優れた業績を残したのかがよく理解できそうである。ラッセルはその『自伝』のなかで、若きケインズを評して、「ケインズの知性は、私が知るかぎりで、もっとも鋭敏で明晰なものであった。私は彼と議論したときにはいつも、命が縮まるような思いがしたし、また、自分が何か愚かな者であるという気持ちに落ち込まないことは稀であった」と書いているが(2)、以上に見てきたケインズのプロフィールからは、まさにそうした鋭敏な精神の見事な開花のありさまが、容易に想像させられる。彼はたしかに、ロック、ヒューム、ミル、ラッセル、ウィトゲンシュタインら、イギリスの哲学史の流れのなかに、確固とした位置を占めうる才能を示したといえそうである。

われわれは、このように哲学者ケインズの肖像を一枚の絵として眺めるならば、それが十分に賞讃に価するものであることを疑うことはできないであろう。それではさらに、この肖像画に一歩近づいて、その細部を埋めるための具体的な内実を考えてみよう。われわれが、これらの著名な思想家たちのなかに位置づけられた彼の思想の概略を前提にして、その「哲学的な立場」というものを想像してみると、どうなるであろうか。もちろん以上の追悼文から、その思想の詳細を窺うことには無理がある。しかし、そこに何らかの哲学上の思想的な統一といったものがあるかどうかは、以上の要約的な記述からでも判断できるはずである。われわれは以上の記述から、漠然としてではあれケインズの哲学的な立場というものを理解できるであろうか。

さて、われわれがこのように彼の哲学上の業績を、ケンブリッジの知的環境やイギリスの哲学的伝統という背景のもとで、より具体的に想像してみようとすると、そこにはさまざまな解釈の可能性が浮かび上がるというよりも、むしろ逆に、いくつかの疑問が立ちはだかって、われわれの理解を妨げているということに気づかされるのではないであろうか。あるいは少なくとも、右のような説明には、その筆者にもそれと明確には意識されていないながら、いくつかの説明不十分な部分があって、結果的にこのプロフィールはこのままの形では、全体として完全に整合的な肖像とはなっていない、という印象をもつのではないだろうか。

疑問の一つは、次の点にある。右のプロフィールにおいて強調されているように、ケインズの哲学上の主要な業績は、その『確率論』における論理学的分析にある。『確率論』のテーマは、命題同士の蓋然的な包含関係を説明し、さらにこの説明にもとづいて、経験からの一般化の方法としての帰納的推論の基礎を分析するところにあった。このような論理学への興味を、彼はその父親やその友人たちの研究活動のうちで育んだのであり、さらには、彼の大学時代の師にあたるラッセルやムーアによってより専門的に訓練されたのである。そして、彼が協力したウィトゲンシュタインやラムジーの専門もまた、広い意味での論理学、あるいは言語哲学であったことはあらためていうまでもない。その意味で、彼はジョンソンからラムジーにいたるケンブリッジの論理学研究の系譜に属しているのである。

しかし、このような系譜に属することが、「モラル・サイエンティスト」の世界に育つことである、というのは一体どういうことであろうか。

たしかに、ブレイスウェイトの記述には、倫理学者シジウィックやムーアの『プリンキピア』の名前も登場し、ケインズは「もっとも人間味あふれる功利主義者であった」とされている。しかし何らかの倫理学説を信奉することと、論理学の研究者であることとは、たがいに背反することではないにしても、直接結びつくことではない。論理学の研究が、モラル・サイエンスすなわち精神科学の一部門であるということは、それほど直感的に認められることではないはずである。

この疑問を別の角度からいうと、そもそもケインズがその一翼を担ったケンブリッジの「分析哲学」と、モラル・サイエンスとがどのような関係にたっているのかは、それほど分明ではないのではないか、ということである。精神科学が正確に何を意味するものであるかは、さしあたってここでは詳細に検討することはできないが、英語のモラル・サイエンスという言葉が、しばしばソーシャル・サイエンスという言葉と併置されることがあることからも明らかなように、ふつうその主たる分野は、政治、経済、道徳論からなる社会理論、あるいは社会哲学であると考えられている。[3] 他方、今世紀の哲学の主流の一つとなった分析哲学は、われわれが推論において用いる「命題」の論理構造や、その意味の成立の根拠を明らかにしようとする、かなり形式的、抽象的な哲学の領域である。これら二つは、どのような結びつきをもったものなのか。この点が分からなければ、右に見てきたブレイスウェイトの追悼文の意味は、かならずしも明確にはつかめないのである。

このような疑問にたいしては、もちろん次のように考えることで、一応の答えをえることはできる。すなわち、形式的、あるいは抽象的な認識論、論理学の分析と、広い意味での社会哲学の問題を合わせて論じようとするところに、まさしくイギリス哲学の独特の伝統があり、この伝統はロックやヒューム、スミスらによって確立され、それがケインズの時代にまで脈々とつづいているのである、と。彼が自分自身を「イングランドの高等知識層」に属するものと自負していたのは、ほかならぬ、このような複眼的な哲学的反省の価値を高く評価して、その伝統の継承を自らの使命としていたからである。いわば、論理学、認識論、方法論といった厳密な分析を潜り抜けたうえで、そうした狭い学問分野にとどまらずに、より広い観点から現実の社会の問題に目を向けようとするところに、「大人の」哲学者としてのこれらの思想家の真骨頂がある――。われわれは実際に漠然としてであれ、こうした了解をあらかじめもっているために、モラル・サイエンティストにして論理学者というケインズ像に接しても、格別の違和感を覚えずにいることができる。

けれども、厳密にいえば、このようなあいまいな説明は、ケインズの哲学的ミリューを正確に理解するためには、やはり不十分であろうと思われる。

というのも、まず第一に、そもそもロックやスミスらの古典的思想家にかんしても、その思想全体の体系的な統一性の有無については、現在のわれわれからみて、かならずしも明確に理解しうるものではないという事実がある。たとえば、政治思想家として多くの著作を残し、実際にイギリスの政治史の大変革に寄与したロックが、なぜ『人間知性論』という近代認識論の古典を書こうとしたのかという問題は、現在においても最終的な決着をみていない哲学史の問題である。あるいは、『道徳感情論』と『国富論』の著者であるスミスは、はたして同一の思想家として整合的に解釈できるのかという、いわゆる「アダム・スミス問題」もある。(4) これらの古典的な思想の統一性に明確な理解がない以上、これらの

「伝統」との参照によってケインズの知的環境を理解しようとしても、そこにはおのずから限界があるということになるであろう。

さらに、シジウィックやムーア、ラッセルやウィトゲンシュタインというケンブリッジの一九世紀末から今世紀前半の哲学の潮流は、その思想の根本的性格において実は、ロックやヒュームらのいわゆるイギリス「経験論」の伝統に直接連なるものではない、というもっと深刻な問題がある。われわれはラッセルらの思想が、その後のカルナップらの論理実証主義に多大な影響を与えたことをよく知っており、それゆえ、ラッセルやムーアの哲学は実証主義的、あるいは経験主義的なものであるという根強い信念をもちがちであるが、この信念は少なくとも全面的には正しくない。彼らは、以下に見るとおり、経験主義に反対したわけではないが、それ以上に(実証主義とはまっこうから対立する)プラトニズムに強くコミットした立場から出発しているのであり、この点は、前期のウィトゲンシュタインにおいてもケインズにおいても変わりはない。ロックやヒュームと、ラッセルやケインズらとのあいだには、その哲学的方向づけという観点からみれば、連続が見出されるというよりは、まず断絶の方が存在しているのである。

この、ケンブリッジ哲学のイギリスの伝統的な哲学からの断絶ということを示す、一つの歴史的なエピソードがある。それは、上の文章でブレイスウェイトが言及している「モラル・サイエンス・ファカルティー」の前身である哲学科の創設にかんするエピソードである。この学科組織には、ケインズの父も、シジウィックも、そしていうまでもなくムーアもラッセルも関係している。しかし、この組織はケンブリッジの長い歴史を通じて存続してきたものではなく、まさにケインズの父の若いころに、新たな大学改革の一環として導入された、歴史の浅い専攻分野であったのである。

ケンブリッジ大学において「モラル・サイエンシーズ・トライポス」という優等生卒業試験が導入されたのは、一八五一年であるが、実際にその優等生をはじめて実質的に生みだしたのは、七二年になってからである(そのときの試験官の中心が、シジウィックである)。そして、この間に、この専攻の存在意義や専攻内容についてかなりの論争が繰り広げられた。

哲学はそれまで独立した卒業試験をもたず、その研究は、数学による学士取得後の大学院における、神学研究の一部に組みこまれていた。しかし、一九世紀中頃からの科学的知識の発展と分化にともなって、化学や生理学などのナチュラル・サイエンシーズ・トライポスを作る必要が叫ばれるようになり、それに並行して、経済学、歴史学、哲学を一つにまとめたモラル・サイエンシーズという学科を生みだした。(5)(その後、歴史学は一八七五年に独立のトライポスを実施し、さらに経済学はしばらく、歴史学とモラル・サイエンシーズの両方に含まれていたが、ケインズの卒業時のころ、マーシャルの主導で独立のトライポスを実施することになり、結果的にモラル・サイエンスは哲学のみを意味するようになった。)

この学科の創設にもっとも貢献した者の一人は、この世紀のイギリスを代表する科学哲学者、ウィリアム・ヒューウェルである。ヒューウェルは、『帰納的諸科学の歴史』(一八三七)や『帰納的諸科学の哲学』(一八四〇)などの代表作をもつが、その基本的な立場は、ヒュームの経験主義に反対して、科学的探究におけるカント的な理念の重要性を強調したところに特徴がある。そしてなによりも彼は、われわれが今日普通に用いている「サイエンティスト」という言葉をはじめて導入したことによって知られている（さらに、「フィジシスト＝物理学者」という言葉も、彼の造語である）。サイエンス＝スキエンティアという言葉が意味するのは、「唯一の知識、すなわち科学」という体系的な全体ではなく、さまざまな分野において展開される「諸」科学であるというのが、彼の理論の出発点であり、それらの分野をになう者がサイエンティストであるとされたのである。[6]そして、ニュートンの「自然哲学」から約百年後に、ヒュームらの「精神哲学（モラル・フィロソフィー）」がそれとの類比によって生まれたのと同じように、自然哲学が「自然科学」になったときに、それと並行して「精神科学」が（今度は同時に）誕生したのである。

この、哲学における神学からの離脱と、経済学などへの合流が、どのような時代の思潮を背景にして生じたものであるかということは、興味深い思想史上の問題である。たとえば、ある歴史家は、そこにダーウィンの進化論の強烈な影響というものを見ようとしている。すなわち、進化論による伝統的な信仰への深刻な打撃が、神学者あるいは僧侶を形成するための哲学という役割に終止符をうった、というわけである。[7]しかしながら、われわれのここでの問題関心からいえば、重要なのはむしろ、このモラル・サイエンスという分野が、新しい「科学」観の誕生とともに生まれたものだという事実の方である。哲学が科学の一部門であるということは、どのような意味をもつのか。さらに、それが精神科学であるということは、哲学にどのような役割を与えることになるのか。これが一九世紀後半に導入されたケンブリッジの哲学の変革において、問われなければならなかった、主要な問題であったはずである。

モラル・サイエンスとしての哲学が、その発足に際して、その意義や方向づけについての明確な理解や広い了解をえたものではなかったことは、今世紀初頭まで、この専攻に属した学生の数が極端に少なかった、という事実にもよく現われている。大部な『ケンブリッジ大学史』は、この時期の哲学科について、「モラル・サイエンシーズ・トライポスの導入以来、哲学専攻の学生数が多かったことは一度もなく、むしろ減少ぎみであった。一九〇五年の時点で、この専攻の試験選択者は試験官の数をなんとか上回っただけであり、受験者五人にたいして試験官四人であった」と書いている。そして、その大学史はつづけて、「とはいえ、二〇世紀前半のイギリス哲学が、ラッセル、ムーア、ウィトゲンシュタインを擁した、ケンブリッジに中心をもったものであったということは、驚くべき真実であるといえよう」と述べている(8)(このことは、この時点でオックスフォードの哲学がなおも古典学と結びつき、それゆえに多くの専攻者をもっていたという事実を考えれば、たしかに驚きである)。一九〇五年といえば、まさにケインズの学生時代であり、ムーアの『プリンキピア』が出版された二年後のことである。その時点で、モラル・サイエンスとしての哲学は、けっして確固たる伝統をもった、憧れるべき専攻分野として、学生たちの目には映っていなかったのである――。

これが、ケインズが「つねにその心の拠りどころとしていたケンブリッジ」(ラッセル『自伝』)の哲学科の実態である。われわれはこのような事実を考慮すれば、ケインズとその周囲の哲学者たちについてしばしば語られる、イギリスの古典哲学の伝統の継承ということが、かならずしも連綿たる歴史の持続によってその権利を保証されたものではなかった、ということに気づかされるであろう。

そこで、われわれは、「モラル・サイエンティストとして育まれ、ムーアらの分析哲学の興隆のなかで『確率論』を著し、やがては経済学者として大成して、まさしくモラル・サイエンスとしての経済学のヴィジョンを『一般理論』によって完成させようとした」とされるケインズの思想の軌跡を、もう一度予断をまじえないしかたで新たに辿りなおしてみることが必要である、ということになる。このような作業を通じてはじめて、われわれはブレイスウェイトによって描かれたケインズの肖像のなかから、単なるイギリスの伝統に沿った思想家というステレオタイプにとどまらない、より具体的、個別的な問題意識をもった一個の哲学者像を浮き上がらせることができるようになるはずである。

そして、この洗いなおしの作業のなかで、とりわけ留意しておくべき点は、ラッセルやムーアのような分析哲学の創始者たちにとって、その出発点にあった問題の一つは、神学や古典研究ではなく科学としての哲学がモラル・サイエンスとしてありうるとすれば、その「科学」とはそもそも何なのか、という認識論的、論理的問題であったという事実であり、また、ケインズの『確率論』も、この問いのなかで生まれたという事実である。彼らは、この問いをまず初めに、「真理」がこの現実世界の不確定で不安定な現象を超えた領域で、プラトン主義的永遠性をもったものとして存在する、という根本的な前提にもとづいて追究したが、その前提を明示化しようとする過程のなかでしだいに、むしろ、このような超越的な前提は認識論的に維持できないものではないか、という反省に向かっていった。しかも、一方で、これらの反省や懐疑は、モラル・サイエンスという科学のアイデンティティを強固に確立するどころか、さらにあいまいなものとする危険をはらんでいた。そこから、イギリスの古典的な科学観およびモラル・サイエンス観への、たえまない注意と分析というものが生まれたという可能性が考えられる――。

われわれが求めるべきケインズ像は、それゆえ、すでにイギリスのハイ・インテリゲンツィアの系統に連なっていることが自明となっているような思想家の姿ではない。むしろ、ケインズ自身が、そのような伝統との連なりを自らに問いかけつづけている思想家の一人なのである。われわれは、そのようなパースペクティヴから彼の思想の軌跡を追っていくことで、最終的に彼自身の見出したであろうヴィジョンにまで、辿りつくことができるかもしれない。あるいは少なくとも、そのヴィジョンそのものには至りえなくとも、それが目指していた方向の、素描を思い描くことができるようになるかもしれない。そのことを確かめるために、これから順を追って、ケインズと哲学とのかかわりを見ていくことにしよう。

第Ⅰ部　ケンブリッジの哲学者とともに

第一章　ムーア、ラッセル、ウィトゲンシュタインとの交流

1　一九〇三年

一九〇三年は、ムーアとラッセルとがともに、その後の哲学の歴史を書きかえるような、決定的な仕事を成しとげた年である。そして、彼らがこれらの業績によって、分析哲学の礎石を築いたという意味では、この年は分析哲学の誕生の年であるということもできる。ケインズはこの前年にケンブリッジに入学しており、ただちにこれらの哲学者たちと親交を深め、彼らの哲学上の変革の熱気に触れている。

このとき、ラッセルは三一歳。彼は大学卒業後、一八九五年にホワイトヘッドの推薦により、トリニティー・カレッジのフェローとなっていらい、ムーアとともにケンブリッジの哲学を推進していた。そして、この後一九一〇年に哲学の講師となるが、第一次大戦にさいして反戦を唱えたためにケンブリッジを追われることになる。彼が再びケンブリッジの教職に戻ってくることができたのは、ほぼ三〇年後の一九四四年である。

一方、ムーアの方は、この時点で三〇歳。彼もまた一八九八年よりフェローの席にあるが、この年の翌年には、ケンブリッジを去って、エディンバラ、そしてロンドンへと向かう。彼がケンブリッジに講

師として戻ってくるのは、一九一一年。その後彼は三八年に哲学教授の職を辞するまで、ケンブリッジで教えつづけることになる。

このように、この年以降のラッセルとムーアのケンブリッジとの関係は、ある意味ではたがいに入れ違いのようなかたちになるわけであるが、しかし一九〇三年の時点では、彼らはともにトリニティーのフェローであり、それまでの十余年におよぶたがいに手をたずさえた哲学研究の果てに、ついに当時のイギリス哲学の観念論的で、半宗教的、半守旧的な殻を破る、決定的な一歩を踏み出したという自覚をもっていた。そして、彼らの周囲にはケインズの世代の若い、熱気にあふれた崇拝者たちが(たしかに少数であるとしても)結集しており、彼らはこの思想上の革命を記念して、共同のかたちで、ムーアの「真理」にかんする思想を核にした「思想的なマニフェスト」を、一冊の書物として刊行しようと企てているほどであった。もちろんこの計画に、ケインズは積極的に参加している。[1]

一九〇三年の成果の一つは、いうまでもなくムーアの『プリンキピア・エティカ』の出版である。[2] ムーアはこの本を前年の二月から書き始め、一年後の三月に脱稿、一〇月に出版を見た。

この書物が、ケインズとその友人たちのあいだに熱狂的ともいうべき知的興奮をもたらしたこと、そして、このムーアにたいする信奉者たちと、ヴァージニア・ウルフらの芸術におけるモダニズムの信奉者たちとが協同して、のちに「ブルームズベリー・グループ」という前衛的な文化思想運動を形成したことは、よく知られているとおりである。リットン・ストレイチーは、「この書はアリストテレスからキリスト、ハーバード・スペンサー、ブラッドレー氏にいたる、すべての倫理思想の作者たちを粉砕した」と述べ、レナード・ウルフもまたこの書が、「エホバ、キリスト、パウロ、プラトン、カント、ヘーゲルがわれわれを陥れてきた、さまざまな宗教的、哲学的な悪夢、錯覚、迷妄を取りはらって、常識という新鮮な空気と純粋な光を投げかけたのである」と大げさに語っている。[3] ケインズ自身の感想は、彼がのちにこのグループの思想を批判的に回想した、「若き日の信条」において語られているが、彼の感想も、ストレイチーらにおとらず高揚したものであった。

私は一九〇二年の第一学期にケンブリッジに入学したが、ムーアの『プリンキピア』は私の一年次の最後に発表された。……それは感動的で陶酔的、一つのルネッサンスの始まり、地上における新しい天国の開始であり、われわれは新しい摂理の到来を告げてまわる伝道者として、何も恐れることはないのだと感じていたのである。[4]

このように、『プリンキピア・エティカ』がもたらした知的興奮には、ただならぬものがあったようであるが、しかし、ムーアらの哲学的業績はこれだけにとどまるわけではない。というのも、ムーアはこの倫理学書を公刊する一方で、「観念論の論駁」という重要な論文を発表している。これは、それまでイギリスの哲学界を支配していた、オックスフォードのグリーンやブラッドレーらの、ヘーゲル主義的な観念論にたいする、決定的な批判と受けとめられたのである。

他方、ラッセルはこの年に、『数学の原理』という書物を発表している。[5] 彼はこの本を、一九〇〇年から二年がかりで完成したが、その過程で、有名な「ラッセルのパラドックス」の存在を発見している。『数学の原理』は、数学の「プリンシプルズ」をすべて論理学の概念と基本命題に還元するという、いわゆる「論理主義」にもとづく数学の基礎づけの試みである。彼がその師ホワイトヘッドとともに完成した、現代記号論理学の金字塔『プリンキピア・マテマティカ』(一九一〇―一三)は、この『原理』の延長上に構想されたものである。

これら三つの著作はそれぞれ、倫理学、存在論、数学の哲学という別々の領域を扱ったものであるが、そこには共通の思想が存在している。

まず、『プリンキピア・エティカ』は、そのタイトルが示しているように、道徳的な判断の原理を明らかにすることを主題としているが、その理論の主眼点は、道徳的な判断や概念がそこから派生的に理解されるべき、価値一般にかんする判断の原理を明らかにしようとするものである。ムーアはその序文で、「私は、「科学的であることを主張しうるようになるであろう将来の倫理学の、プロレゴメナ」を書こうとした。いいかえれば、倫理的な推論の根本的な原理は何か、ということを明らかにしようと努めたのである」と書いている(このカントに模した表題のなかの、「科学的」という言葉に注意しよう。『プリンキピア』という表題が、ニュートンの『プリンキピア』から由来することはいうまでもなく、カントにとって「科学的」というのは、ニュートンの力学に匹敵するということである)。

ムーアはこの目標にそって、この本の前半で、道徳的な「概念」の「分析」というものを行う。この分析が明らかにするのは、道徳的諸概念の基礎にある「善」そのものは、「内在的な価値」を有するものであって、これを価値とは別の次元に属する何らかの事実的な性質に還元したり、関係づけたりすることは、根本的な概念的混乱であるということである。彼はこのような混乱を、「自然主義的な誤謬」と名づける。そして、この誤謬が、「倫理学にかんするほとんどすべての著作において見出される」という。そのような誤謬のさまざまな形態として彼が挙げるのは、アリストテレス、ストア派、スピノザ、ルソー、ベンサム、カント、ミル、スペンサー、グリーンの名前である。

この本の後半部ではこうした「善」概念の「分析論」をうけて、「行動にかんする倫理」と「理想的なもの」についての、実質的な説明がなされる。これらは、前半の分析論にたいする応用篇ともいうべき部分で、ムーアはそこでは「理想主義的功利主義」と呼ばれる立場を表明する。ケインズらの若い世代に訴えるところが大きかったのは、この実質的な道徳論の部分であり、そのなかでもとりわけ最終章の「理想的なもの」における、「人間的な情愛、ならびに美の享受」を「目的それ自体」あるいは「最高善」とする議論である。ここには、ムーアの個人的な理想が語られていると見るべきであるが、重要なのは彼が、この応用部分は「科学的な」確実性を主張しうるものではなく、とりあえず暫定的に示唆されるものだ、と断わっている点である。『プリンキピア・エティカ』の基本的な立場は、あくまでも、概念の分析をつうじてわれわれの判断の原理を明らかにすることができる、という点にあり、この概念の実在論こそが、この本の根本的な前提をなすのである。

一方、ラッセルの『数学の原理』においては、その序文で二つの目標が立てられている。「一つの目標は、すべての純粋数学があつかうのは、論理学のきわめて数少ない基本的な諸概念によって定義されうる概念のみであり、数学の命題はすべて、論理学のきわめて数少ない諸原理から導出できる、ということを証明することである。……もう一つの目標は、数学が定義不可能なものとして受けいれる、これらの諸概念を説明することである」。ラッセルは、これらの目標を達成することによって、数学的な証明がもちうる確実性と厳密性の根拠を完全に明瞭化しうると考えた。彼にとっては、数学のもつ「確実性」こそが科学のもつ決定的な条件なのであり、このプラトン的な理想の確証が哲学的探究へとむかう根本的動機であったことを、彼はその多くの自伝的な著作で明言している。『数学の原理』において彼は、この理想が達成可能であることを、少なくともその概略にかんして証明しえたと考えたのである。ところで、この『数学の原理』の目標が、ムーアの『プリンキピア』の主題と、その概念の分析論という方法論において非常に類似したものであることは、すぐに見てとれるであろう。ラッセル自身、そのことをはっきりと自覚して、同じ序文のなかで次のように書いている。

私の立場は、哲学の根本的な問題にかんするかぎり、その特徴のすべてを、G・E・ムーア氏からえたものである。私は彼から、命題の非-存在的（つまり、偶然的な現象を超越した）本性と、命題が認識する精神から独立であるということを、受けいれた。さらに世界に存在する存在者の種類と個体の数についての多元論についても、彼から受けいれた。この多元論によれば、世界は無数の相互に独立な個体からなり、またそれぞれはたがいに還元しえない究極的な関係のもとにあるのである。……私はこれらのことを彼から学ぶまでは、算術の哲学を構築することがまったく不可能であった。そして、これを受けいれることによって、そうでなければ乗りこえられなかったであろう多くの困難を解決することができたのである。(6)

ここには、ラッセルとムーアの概念の分析論の共通の前提が、「命題」というものの超越的な本性と世界の存在者の多元性、という考えにあることが述べられている。しかし、命題の超越性や多元論とは

どういうことをいうのか。この点を明らかにしているのが、ムーアのもう一つの論文、「観念論の論駁」である。(7)

ムーアがここで観念論と呼んでいるのは、すでに述べたように、彼らの学生時代にイギリスの哲学界の主流をなしていた、ブラッドレーの理論である(ちなみにラッセルやムーアがケンブリッジで師事した哲学者は、マクタガートであるが、彼もまた、「時間の非実在性」を主張する観念論者であった。時間の非実在性とは、われわれが世界の変化の推移の尺度として用いている時間という形式には矛盾が含まれており、したがって変化する現象界は実在ではない、ということである)。

ブラッドレーの理論は、カントの心理主義的な世界構成の理論と、ヘーゲルの矛盾を軸にした論理学とを合体させたものであって、われわれが「知覚」するさまざまな事象は、われわれ自身の主観的な構成にもとづくがゆえに、本質的に精神的な本性をもっており、さらにこの知覚によって作り出される判断はたがいに矛盾したありかたを取らざるをえない以上、世界が実在するためには、これら矛盾する諸性質、諸関係を「有機的全体」として統一する唯一の精神的実体(「絶対者」)がなければならない、という理論である。

ムーアはこの理論にたいして、われわれの知覚は、それを知覚作用という作用面からみれば、たしかに心理的、精神的なものであるが、知覚の対象という観点からみれば、作用から独立な、非心理的なものと認められなければならない(そうでなければ、認識が「真」であるということの意味がない)、また、矛盾しあう部分によって構成される有機的全体という論理自身が自己矛盾的であり、むしろ部分はたがいに外在的に関係しあっているがゆえに、何らかの全体を構成しうるのであるから、そもそも部分同士がアプリオリに矛盾すると想定する必要はない、と反論する。そして、実在を構成しているのは、われわれの主観的認識作用から独立な論理的要素、すなわち概念であり、それらはたがいに独立に存在しうるゆえに、精神的一元論の存在論は否定されなければならず、またそれらが形成する個々の統一的全体、すなわち命題も、それぞれ独立にその真偽という性質をもった存在者と認めなければならない、というのである。

いかなる数の概念からでも、それらの概念同士の固有の関係を伴うことで、ある命題を構成することができる。そしてこの関係の性質にしたがって、命題は真であったり偽であったりすることができる。ある命題を真にする関係とは何であり、偽にする関係とは何であるかを、さらに定義することはできず、それは直接に把握されなければならないのである(8)。

これが、われわれが知覚する、あるいは認識する対象は、われわれの主観的な作用を超越して、それ自体の自存性をもった対象、すなわち命題であること、また、この命題を構成する概念も、互いに外的な関係にたっている多元的な存在者である、というムーアの「実在論」である。この実在論によれば、実在世界にたいする知覚は、実在の真の構成者にたいする直接的な知覚にもとづくかぎり、その知覚の確実性を疑われることはない。いいかえれば、複雑な命題を前にして、その命題の真の構成者、概念の分析にいたることが、知識の獲得にいたるということである。それゆえ、哲学の使命は、命題の表面的な形式の背後にある真の構成要素たる概念の特定をめざして、さまざまな命題の「分析」を行うことである――。

ムーアが提唱し、ラッセルがしたがった実在論とはこのように、極端な概念実在論であり、それは通常の観念論のいう世界の現象性に反対して、個々の事態の実証的実在性を認める実在論というよりも、逆に、この世界の実証的な諸事実を可能にしている概念の体系そのものを実在的とする、プラトン主義的な存在論であった。そして、この哲学が説く分析ということも、その後の分析哲学が主眼とした、われわれの言語の構成要素である、さまざまな言葉の「意味」の根拠や、その意味の判定基準を明らかにするという、「言語分析」のプログラムとはちがって、実在的な概念の体系の世界そのものの構造を明らかにするという、きわめて形而上学的なプログラムなのであった。

さて、現在のわれわれからみれば理解することがそれほど容易ではない、ほとんどエキゾティックともいうべきこの哲学思想は、しかし、まさにその現象超越的な主張のゆえに、ラッセルやケインズら、ムーアの周囲の者の賞讃を勝ちえたのである。ケインズはさきに引用した「若き日の信条」のなかで、ムーアの立場をプラトンになぞらえたうえで、ムーアの理論がプラトンの哲学以上の長所をもっていたことを、(多少の諧謔も込めて)述べている。(ついでにいえば、当のケインズがブレイスウェイトの追悼文の冒頭で、「プラトンの哲人王」になぞらえられていたのは、単なる偶然なのだろうか。)

> 「理想的なもの」にかんする『プリンキピア』の章は、それが神話的なものから完全に自由になっている点で、プラトンより優れている。それはムーアの精神のありのままの美しさ、彼のヴィジョンの純粋で情熱的な強烈さを、神話的なフリル抜きで伝えている。ムーアはかつて、命題と机とが

区別できなくなるという悪夢に襲われたことがある。しかし彼は、目覚めているときにも、愛と美と真理とを家具から区別することができなかったのである。それらはまったく同じ明確さをそなえた定義をもち、同じく不変で堅固で客観的な性質と、常識的な実在性をもっていたのである。(9)

「命題と机とが同じ常識的な実在性をもつ」世界。この奇妙な形而上学的思弁と奇妙な常識観の世界が、ケインズの哲学的な思索の出発点である。われわれは次章で、ケインズ自身の認識論をつっこんで検討することになるが、その背後にはこのような思想が控えていたことを、何よりもおさえておかなければならない。いずれにしても、のちにブルームズベリー・グループへと結集することになる、ケインズ、ストレイチーらは、まずラッセルやトレヴェリアンを誘って、ムーア主義にたった月刊誌『インデペンデント・リヴュー』を刊行した。そして、その雑誌の寄稿者たちの論文を集めて、一冊の「マニフェスト」を出版しようとした。その論文集は、ムーアの「真理の客観性」にかんする論文を巻頭に掲げるはずのものであった。この哲学論文集は結局編集されることはなかったが、それは、この時点では若い哲学徒たちに何らかの哲学論文を仕上げるだけの能力がなかったからであり、さらには、ムーア自身が真理についての理論を発表するには、なおさまざまな哲学的難問をかかえていたからである。

当時のムーアからラッセルへの手紙の一通(一九〇五年一〇月二三日)には、ロンドンでのこの書物の出版のための会合に出席したラッセルの報告を受けて、次のように書かれている。その会合では、ラッセルがムーアの倫理説を発展させ、さらにケインズも独自の議論を展開しようと試みていた。

私は、倫理にかんするあなたの担当部分が不十分であると思います。というのも、あなたは〔快が善そのものではないことを適切に指摘しているけれども〕、疑いもなく非常に善なるものごとや、非常に悪なるものごとについて、十分な強調をおいていないからです。……また、私は、さまざまな善や有機的統一についてのケインズの見解がどのようなものであるのか、知ってはいません。しかし、あなたの説明からみても、それが誤っているであろうことは、明らかであるように思われます。(10)

われわれはここで言及されているケインズの見解を、のちにもう少し詳しく見るであろう。

2　一九二一年

ケインズは一九二一年に『確率論』を出版した。(11)この書物は、彼が一九〇七年に、キングズ・カレッジのフェローに申請するために作成した論文が、その原形をなしている。この原稿を書くために、彼はムーアやラッセルとともに多くの討論を重ねている。しかし、この申請論文はその年には合格とならず、翌年書きなおしたものによって彼はようやくフェローの資格をえることができた。

この最初の原稿について、審査官の一人であるホワイトヘッドはこう批判している(もう一人の審査官は論理学者のジョンソンである)。

これはきわめて大規模な研究であり、非常に多様な著作を徹底的に読解することで生まれた成果である。ここでは多様な視点が比較され批判されている。その読解において、筆者の精神は一貫して活動的である。……確率をめぐるいくつかの対立する見方の提示や、その提示に並行して展開されている批判的な議論は、卓越したものであると思われる。しかし、この新鮮な知識が主題の哲学に適用されている部分については、私はそれが混乱していて、かなり凡庸なものであると考える。私の判断はおそらく、彼の反対意見にもかかわらず、私自身がヴェンらによって代表される〔頻度説の〕学派を支持していることから、偏っているのであろう。この学派の中心的な主張にたいする彼の批判はおざなりであり、……彼はそれをもっとも説得力のない、独断的なしかたで退けている。また、ラッセルの『数学の原理』にたいする彼の関係もきわめて不十分である。一見したところ筆者はその理論を全面的に受けいれている。しかし同時に、彼はこの本の論理的な基盤全体をつぶしてしまう(ように私には思われる)「推論」の理論を主張している。私が思うには、彼はその「推論」をラッセルの「含意」にきちんと関係づけるか(それは可能なはずである)、それとも、この本の論理的主張にはっきりとした批判的態度をとるかの、どちらかであるべきであった。[12]

ケインズは最初の原稿のこのような欠陥を意識したのかどうか、フェローの資格を獲得したのちにも、この原稿に手を加えつづけ、それがほぼ現行のような形を整えて印刷にまわされたのは、一九一四年のことである。しかしながら、その時点は、まさに「エドワード朝時代の悠長な環境」が終わりを告げて、第一次世界大戦が勃発した時期にぶつかっていた。時代は急を告げ、学生時代を終えたケインズ自身の境遇もめまぐるしく変化していた。

ケインズはフェローになる以前に二年間インド省に任官しており、その間の経験を生かした『インドの通貨と金融』を、一三年に出版していた。そして、戦争の勃発とともに、多くの時局論を発表するようになり、一五年には大蔵省に勤務する。一九年一月、前年末の大戦終結をうけて、ヴェルサイユで開かれた講和会議にイギリス大蔵省首席代表として出席。この席上で列国のドイツにたいする過大な賠償要求を取り下げるように主張するが、説得に失敗。大蔵省代表を辞任して、対ドイツ賠償案を批判する『平和の経済的帰結』を執筆した。この本は非常な成功を収め、文筆家としてのケインズの名声は国際的に確立した。しかし、これらの時局にたいする積極的な関与のなかで、『確率論』の最終的な完成はのびのびになり、結局その出版は二一年になった。この本はその構想から完成まで、ほぼ一五年間ほどかかったことになり、彼の出版したもののなかでももっとも時間を費やしたものになったのである。

ところで、この間の一五年ほどのあいだに、ケインズの学生時代の師であった、ラッセルとムーアの思想も、いくつかの変化をみせている。『確率論』は、あとで詳しく見るように、その最初の着想をムーアの『プリンキピア』の批判的発展というところにもっていたのであるが、最終的な『確率論』のテキストにはこの間のラッセルらの研究が、いろいろなかたちで生かされるようになっている。そこで、『確率論』の理解のためには、一九〇三年以降のケンブリッジの哲学の推移についても、一定の理解を踏まえておかなければならない。ただし、この時期以降のケンブリッジの哲学については、さらにもう一人の哲学者の名前を加えて考えなければならないという、やっかいな事情がある。その哲学者とは、一九一二年にトリニティー・カレッジのラッセルのもとで数学基礎論と論理学の研究を始めた、ルートウィッヒ・ウィトゲンシュタインである。
ウィトゲンシュタインはオーストリアの出身であるが、マンチェスター大学での工学研究ののちに、ラッセルの『数学の原理』に関心をもって、ケンブリッジに入学することになった。当時ラッセルは、『数学の原理』の構想をさらに大規模に発展させた、ホワイトヘッドとの協同にもとづくモニュメンタルな論理学の体系、『プリンキピア・マテマティカ』三巻を精力的に執筆中であった。とくに『数学の原理』以来のパラドックスを回避するために工夫された「タイプ理論」は、ラッセルが独力で構築したものである。(彼はこの間に、啓蒙的な『哲学入門』も出版しているが、ケインズの『確率論』の原稿が、その帰納法にかんする分析にかんして採用されているというのは、この書のことである。[13])
ところが、ウィトゲンシュタインはラッセルのもとで、まさにそのパラドックスへの顧慮を無用にするような、まったく新しい命題観にもとづく「記号法の論理」を研究した。彼の透徹した分析力はラッセルを感激させ、ラッセルは自分の論理哲学を継承する者はウィトゲンシュタインにほかならないという確信をもった。彼らは師弟関係から共同研究者となり、一年後にウィトゲンシュタインはラッセルに、その基本的な論理思想を要約した「論理にかんするノート」を手わたして、ノルウェーへと旅だった。そのノルウェーのウィトゲンシュタインの小屋を訪れて、論理学にかんする口述ノートを作ったのはムーアのほうである。
第一次世界大戦の勃発とともに、ケインズは大蔵省に勤務し、ラッセルは反戦活動のかどで投獄される。一方、ウィトゲンシュタインはオーストリア兵士として志願、東部戦線におもむいてイタリアで捕虜になる。彼はこの捕虜期間中に、それまでの論理思想をさらに掘りさげる理論を日記のかたちで書きつづけ、それを捕虜解放の一九一九年までに『論理哲学論考』として完成させた。ラッセルとムーアは大戦終結までは彼と没交渉の状態にあり、その『論理哲学論考』に触れることができたのは、ようやく一九年になってからである。このときに、この原稿がラッセルの手に届くよう尽力したのが、ケンブリッジ時代のウィトゲンシュタインときわめて親しい関係にあったケインズである（ケインズはウィトゲンシュタインの六歳年長にあたる）。ケインズはヴェルサイユで合流したイタリア代表団に、原稿の郵送にかんする特別の配慮を頼むことができたのである。

さて、このようなウィトゲンシュタインの衝撃というエピソードをはさんだケンブリッジの哲学であるが、この間にムーアとラッセルとは一九〇三年当時の完全な共同歩調を離れて、それぞれ別々の方向に進んでいく。

まず、ムーアのほうであるが、彼は一九〇四年にケンブリッジを離れ、エディンバラに移り住み、そこで三年半、それまでの哲学的方法を根本から再考するとともに、ヒュームやリードのスコットランド哲学について積極的に吸収することを試みた。彼がケンブリッジに講師として帰ってくるのは一一年であるが、その前年の冬にロンドンで行った連続講演「哲学のいくつかの主要問題」は、この間の思索の成果をまとめたものであり、以後彼の哲学理論は一貫して、この講演での立場をもとにして展開されることになる。[14] 彼はこの講演ではじめて、（現象学などの他の学派と対比される、広い意味での）いわゆる分析哲学という思潮の一翼を担うものとしての、彼の哲学を特徴づけるような、「センス・データ」や「常識」という概念を核にした懐疑論の論駁を試みている。これは同時に、概念実在論にたったそれまでのケンブリッジの哲学が、改めてイギリスの経験論に回帰し、スコットランドの「モラル・サイエンス」の伝統に本格的に触れることになった、最初の機会であったといえよう[15]。

一九〇三年のムーアの立場では、机も命題も同等に実在し、それらを同等の実在と認めることこそが「常識」であるとされていた。しかし、この理論では、外的物理的事物の存在は錯覚にもとづくかもしれない、という懐疑論を論駁することはできないし、真なる命題以外の偽なる命題があらわす事態の存在論的な地位もあいまいである。そこで、彼は新たに、われわれがそれを「直接的に知覚している」ことが「内観」によって知られるもの、すなわち、事物についての個別的な性質の知覚をセンス・データと呼び、このセンス・データ同士のあいだの「相関関係」を根拠にして外的事物の実在が保証されているということ、さらにそうした保証の承認は、われわれの常識のうちに含まれている、という(リードの常識主義の哲学にきわめて類似した)議論を展開した。この議論は、ヒュームの懐疑論にたいする論駁としては決定的とはいえないし、われわれが自分自身の心の内容を直接的に知覚できるとしている点で、なおも「直観主義」の認識論を残しており、さらには、この立場と常識の重視とがどう整合するのか不明なままである。しかし、彼はこのような認識論的再構成によって、われわれの判断にかんする「命題」をもとにした説明から逃れられると考えた。ムーアは、命題という認識主観から独立な、永遠的ともいえる存在を否定することで、哲学の問題がすべて、「個々の(ピースミールな)」経験からアプローチされるべきであるし、実際にそれが可能であるという、独特な哲学観にいたったのである(問題は個別的に処理されるべきだというのが、「常識」の教えることだというのが、ムーアのこの時点いらい変わらない洞察である)。

他方、ラッセルのほうは、当初、数学を論理学の概念と原理とに還元するという論理主義のプログラムをさらに体系的なものにしようとし、それに内在する「パラドックス」の解消のための命題論や判断論を精緻なものにすることに努力をそそいだ。もちろん、ムーアの影響ということは完全になくなったということはなく、たとえば『哲学入門』の前半部の懐疑論の分析には、ムーアの講演「哲学のいくつかの主要問題」の議論が生かされている(それゆえ、現在でも哲学の入門書としては最良のものとされるこのテキストは、いわばラッセルとムーアとケインズの共同の作品ともいうべきものなのである)。

この命題論の整備という目標にそって、彼は、一九〇五年の論文「表示について」で、命題を構成するさまざまな部分のうちに、われわれが直接見知っている対象を「指示」する部分と、何らかの内容を「記述」することによって、あたかも対象を措定しているかのように見える「表示句」(denoting phrases, たとえば、「すべての日本人男性」や「現在の日本の首相」など)の部分とに分ける理論を導入した。彼はこのような「見知りによる知識(knowledge by acquaintance)」と「記述による知識(knowledge by description)」の区別の導入によって、それまですべて実在するとみなしていた、集合、クラス、数、命題関数、などが記述によるフィクションであり、実在するのは直接見知ることのできるセンス・データのみである、という立場にいたった[16](センス・データに含まれるのは、論理的な観点から固有名とされる名前が指示する個物と、その個物がもつ性質や関係である)。

この議論では、命題を構成すると考えられた概念(クラス、命題関数)は実在者ではなくなり、したがって、命題そのものが一種のフィクション的な存在となる。われわれの判断は命題の形式をとってなされるが、実在するのは判断する主体としての精神と、それが関係する複数の見知りの対象のみであり、個々の命題はこの一対多の関係を副次的に映しとったものにすぎないものになるのである(ただし、命題同士を結合させる論理的結合子は、何らかの意味で実在的な対象とされる)。

ラッセルは、『プリンキピア・マテマティカ』の完成のあと、このような理論にたった『認識論』を執筆した(一九一三)[17]。しかし、その議論はウィトゲンシュタインによって不整合であると批判され、結局その完成を断念する。ウィトゲンシュタインによれば、精神の実在性を前提にして、それとその対象との関係を実質的なものとみなす理論や、論理的結合子を認識対象とみなす理論は、命題の「有意味性」の根拠を思考する精神に依拠させる、完全に混乱した立場ということになる。彼の新しい「記号法の論理」によれば、「論理はそれ自身でその面倒をみる」のであり、命題はそれ自身の構成要素(名前)がもつ論理的形式によって、自律的に可能な事態を描出することができるのでなければならない、とされたのである。

そこで、ラッセルはウィトゲンシュタインの批判に大きく譲歩するかたちで、もう一度理論を組み立て直し、今度は「論理的原子論」という立場を提唱することにした(その最初の形態は、『外的世界はいかにして知られうるか』に現われる)。この理論では、複雑な命題は単純な命題の関数とみなされ、単純な命題の究極的な構成要素は、「これ」のような瞬間的で直接的な見知りの内容というものになる。そして、思考する精神と知覚される物理的対象や性質という区別も廃棄され、論理的固有名としての「これ」は、精神的でも物理的でもない「中性的な」ものを指示するとされるようになったのである[18]。

さて、ラッセルがこのような極端な論理的原子論を展開していた当時、彼はウィトゲンシュタインの『論理哲学論考』を直接参照することができたわけではない。先にみたように、このテキストが彼の手中にはいったのは、大戦後にケインズの仲介によってである。そして、ケインズもまた、その『確率論』の完成において、このテキストの議論を参照することはなかった。しかし、ウィトゲンシュタインの批判を考慮しつつ、その判断論を整合的なものにしようと努力しているラッセルの議論には、彼は注意を払っていたようである。そのことが、『確率論』の原子論や「直接的知識」と「間接的知識」の区別にかんする議論から窺うことができる。われわれはこれらの点について、あとで確かめることができるであろう。

いずれにしても、ケインズとウィトゲンシュタインとは、一九一五年ころには手紙をやりとりしていたが、その後音信がとだえることになる。彼らが再び文通できるようになったのは一九年になってからであり、そのなかで、それぞれの哲学研究の状況に触れたり、『確率論』と『論理哲学論考』の進捗状況を問いかけたりしている。(19)

ケインズからウィトゲンシュタイン宛て　一九一五年一月一〇日

私はあなたからの手紙を受けとって驚いています。このことは、私がこの手紙を受けとるまでの短い期間にも、あなたはまだこの世に存在していることを証明しているのだと、あなたは考えるでしょうか。私はそう考えています。そして、あなたが現在までに安全に捕虜となっていることを祈っています。今のところラッセルと私とは哲学を放棄しています。私は財政の仕事で政府に勤めており、彼は平和のための宣伝活動をおこなっています。しかし、ムーアとジョンソンはこれまでどおり哲学をつづけています。なお、ラッセルは戦争開始のころに、新しい本『外的世界はいかにして知られうるか』を出版しました。

ウィトゲンシュタインからケインズ宛て　一九一五年一月二五日

あなたの手紙を受けとって、ラッセルが最近本を出版したことを知って、大変興味を覚えました。私のために一冊送っていただけないでしょうか。戦後に代金を支払いますので。ところで、戦場の兵士であることのために、私が命題について考えることができないでいるだろうと、あなたが考えているとしたら、それはまったくの間違いです。実際に私は最近非常に多くの論理学の仕事をなしとげましたし、このあとすぐに、再び多くの仕事ができることを願っています。……私はラッセルが、私が昨年のイースターにムーアに手渡したノートから、何かを引き出すことができただろうかと、考えています。

ウィトゲンシュタインからケインズ宛て　一九一九年六月一二日

ラッセルの住所まで同封の手紙を転送していただけないでしょうか。私は何とかして彼に会えないかと思っています。というのも、私が細かく説明しなければ、彼は私の本を理解することができないと思いますし、その説明を手紙ですることは不可能だからです。あなたの方は確率について、さらに仕事を進めているでしょうか。私の原稿〔『論理哲学論考』〕にも、確率についての分析が数行含まれていますが、私はそれが本質的な問いを解決していると信じています。

ケインズからウィトゲンシュタイン宛て　一九一九年六月二八日

あなたの本の原稿は安全に私の手元まで届きました。私はすぐにラッセルに転送するつもりです。平和条約がつつがなく調印されることになったら、私たちがまたイギリスであなたに会うことができる可能性は高いでしょうか。私は確率についての本を一九一四年には実質的に完成し、実際に印刷にまで廻していました。しかし、戦争がそんなことを考える余裕を与えてくれませんでした。私はこれからすぐにでもこの主題にもどって、来年早くにはとうとう出版できるということになれば、と思っています。

これらの書簡からも明らかなように、ウィトゲンシュタインはその『論理哲学論考』によって、ラッセルの論理思想を超え、さらには、ケインズの主題である確率論についても、より決定的な解決を与えうるという自信を示している。まさしくこのような強烈な自信のゆえに、ラッセルもムーアの主導のもとから、ウィトゲンシュタインの影響下へと、その思想的支柱を移動させたのであろう。

しかしながら、その後の一〇年間のうちにウィトゲンシュタイン自身が、ここで示された言葉どおりには、自分の理論を決定的なものと認めないようになり、もう一度全面的に考えなおす必要を痛感するようになる。そして同じころ、ケインズの確率論も、ほぼ並行したかたちで、改訂を余儀なくされるようになる。次にこれらの変更を促すことになるのは、ケインズやウィトゲンシュタインよりもなお一世代若い哲学者、フランク・ラムジーである。

3　一九三六年

学生時代からの大きな宿題をようやく仕上げたともいえる、『確率論』以降のケインズの著作は、もっぱら経済学の専門的理論書と、時事評論集とにかぎられることになる。これらは、彼が、(一九〇八年のマーシャルの退官後)基本的にケンブリッジの経済学の講師をつとめつつ、大戦中の大蔵省への勤務後も、自由党の政策立案にかかわったり、あるいは大戦後の金融対策を考案するマクミラン委員会に参加したり、さらにはチャーチルの金本位制復帰への批判に精力を傾けるなど、イギリスの政治経済的場面での主導的な役割を演じるという、二足のわらじをはいた生活のなかから、精力的に生みだされたものである。

経済学の理論では、一九二三年に『貨幣改革論』が出版され、ついで一九三〇年に大部な『貨幣論』二巻が公刊されている。時局論では、『自由放任の終焉』(一九二八)や、『説得論集』(一九三二)などが代表的なものである(これ以外に、これら二つのカテゴリーには収まらないものとして、マーシャルやラムジーの追悼文などを集めた伝記的作品である、一九三三年の『人物評伝』がある。本書では、このラムジー論や、この本の第二版に収められたニュートン論が、重要な考察の対象になるだろう)。

しかし、この第一次大戦後の時期のケインズにとって、最大の事件というべきなのは、何といっても一九二九年一〇月、ウォール街の暴落から世界中に波及した、大恐慌という未曾有の出来事である。彼は経済諮問委員会やマクミラン委員会の委員として活躍しつつ、一九三三年には『ザ・タイムズ』に不況対策のための連載記事を書き、これに加筆して、『繁栄への道』という小冊子を出版した。この小冊子には、ケインズの経済理論と政策案とが総合的に結晶しているといわれるが、この連載記事の背後には、彼がそれまでの理論的探究の決算書として構想していた、『一般理論』の体系があった。彼はこの代表作の第一稿を翌年には完成、その一年後に校正刷りを周囲に回覧し、さらに翌年の一九三六年年頭についに出版をみることになった。ケインズが五二歳のときである。[20]

この『雇用、利子、貨幣の一般理論』が、ケインズの主著であるばかりではなく、今世紀を代表する経済学の理論書であることは多言を要しないであろう。それは、その後の経済学のありかたを一変させるとともに、今日なお果てしない理論的討議の対象として、毀誉褒貶の激しい嵐にさらされているという、特異な地位をたもっている。

さて、ここであらためて断わるまでもなく、この大著の内容の実際がいかなるものであり、その今日的な意義がどこにあるかという問題は、ケインズ理論の哲学的側面のみを考察しようとする本書では、とうてい扱える問題ではない。われわれが以下で分析しようと試みるのは、この主著の理論に含まれている、『確率論』の主題の発展と修正という側面であり、その発展と修正をつうじて結実した、モラル・サイエンスのヴィジョンの本質である。われわれはこの過程を考察するために、『確率論』と『一般理論』とを考察するばかりではなく、さらに、彼がモラル・サイエンスとしての経済学という理念にたって展開した、他の経済理論にたいする方法論的批判（たとえば、一九三七年の、ティンベルヘンの計量経済学批判）や、若き学生時代のムーア主義にたいする認識論的反省（「若き日の信条」）なども検討する。しかし、これらの理論修正や自己反省、あるいは他の理論にたいする方法論的批判の内容を理解するには、われわれはやはり、この時期までのケンブリッジの哲学の展開の軌跡を頭にいれておく必要がある。そこで、『確率論』以降『一般理論』出版までの一五年間の、ケインズとケンブリッジの哲学者たちとの交流を、つづけて追ってみなければならない。

まず、この時期のイギリスの若い世代の哲学研究者たちの関心を独占したのは、ウィトゲンシュタインの『論理哲学論考』の言語哲学である[21](ムーアは一九二五年から三八年まで哲学教授の職にあるが、彼の影響力は主として、『マインド』の編集長として発揮された。ラッセルは、『心の分析』や『物質の分析』などの認識論上の著作も刊行しているが、その——好意と悪意のあい半ばする——世界的名声は、『結婚と道徳』や『幸福論』、あるいは『教育と社会秩序』などの、一般読者むけの著作によって得られたものである。ケインズの『確率論』は、アメリカのC・I・ルイスや、フランスのエミール・ボレルなど、国際的に著名な論理学者の注目をあびたが、主題の特殊性もあって、広く哲学界全体に評判を呼んだというわけではない。それがブレイスウェイトがいうように強い支持をもって受けいれられたのは、とりあえず、ケンブリッジという身内の世界にかぎられたものであった)。

ムーアの提案で、スピノザの『神学政治論考』になぞらえた表題をつけられた『論理哲学論考』は、その出版後ケンブリッジのみならず、オックスフォードでも、ウィーンでも多くの人々の注目をあび、とくにシュリックを中心にした「ウィーン学団」のメンバーのあいだでは、かつてのムーアの『プリンキピア』と同様の、熱狂的ともいうべき信奉を生みだした(彼らのマニフェストは、『科学的世界把握』という小冊子となって現われた[22])。

ここで『論考』の思想を一言でまとめるのは、容易なことではないが、命題を基礎単位としたその言語理論の要点は、おおよそ次のようなものである。

『論考』は、世界が相互に独立した原子的な事実から成りたっている、という存在論的想定から出発する。この想定は、われわれが事実の描出のために命題を作り、命題が事実と照らしあわせて真偽を決定できるためには、当然想定されねばならないという理由で要請された、超越論的な前提である。

個々の命題は、この原子的事実の可能性を提示する一つの「像」であり、それが像であることから、世界のうちなる事実との間に要素間の論理的関係を共有している(事実を構成する要素は「物」であり、命題を構成する要素は「名前」である)。物と直接結びついた名前は、それ自身と他の要素との連結の可能性を、その名前の論理としてもっており、名前の集合である一つの言語は、この論理の網目である論理空間によって支えられている。この命題の構成原理を破った文章(たとえば価値判断や、形而上学的思弁)は、たとえ表面的には命題であるようにみえても、実際には可能的事実の描出という機能を欠いているがゆえに、「無意味」である。われわれは語りうることについては完全に明晰に語りうるし、語りえないものについては「沈黙」しなければならない、というのがこの理論の結論である。

このように、『論考』の命題論は、その積極的な主張にかぎっていえば、ウィーン学団の論理実証主義と重なる点を多くもっているが、奇妙なことにその魅力はむしろ、スピノザの汎神論と同様に、禁欲的な主張をつうじて神秘的な思想の可能性をかいま見させる、というところにあった。というのも、『論考』は、それが語りえないと主張する形而上学的なテーゼを暗示し、とくに、言語が表現するのは「この私の」世界であるという「独我論」こそ、まさに語りえないがゆえに正しいと、逆説的に述べるからである。論理的空間に支えられて自律的に有意味な命題を生みだすとされる言語は、実はほとんど

「私だけの」言語なのである――。

ところで、ケンブリッジにおけるこの本の受容も、当然のことながら、ウィーンにおとらず熱狂的なものであったが、それは結果的に、ウィーン学団における実証主義的な解釈とも、スピノザ的な神秘思想とも異なって、プラグマティズムというさらに別の方向への道を示唆することになった。そのような流れの先頭にたったのが、ラムジーである。

ラムジーは、ケインズと同じように、ケンブリッジで生まれ育ち、ケインズやウィトゲンシュタインと同様に早熟の天才であった(彼はケインズより二〇歳、ウィトゲンシュタインより一四歳年下である)。

彼は大学入学以前から、『意味の意味』の共著者として有名なオグデンとリチャーズと親交があり、一八歳で、オグデンが『論考』の英訳を行ったさいに、その協力者となった。彼は大学では数学を専攻したが、その研究は主として、ラッセルの『プリンキピア』のタイプ理論を改変することに集中し、論理主義にもとづく数学の基礎づけを、ラッセルよりもスマートなかたちで展開することが可能であることを証明した。彼がその過程で応用したのが、『論考』のなかにある、複合的な命題を単純命題の「真理関数」とみなす理論である。ケインズは、このようなラムジーの才能を強力に支援して、彼が大学を卒業すると、キングズ・カレッジのフェローに推薦している。

しかし、ラムジーはまさにラッセルの理論を批判的に発展させたのと同じ分析力をもって、ウィトゲンシュタインの『論考』とケインズの『確率論』にも、きわめて鋭い批判をつきつけた。それはまず、それぞれの著作の書評というかたちで発表され、さらに敷衍されて、「真理と確率」(一九二六)と「事実と命題」(一九二七)という論文にまとめられた(23)。

ラムジーのウィトゲンシュタイン批判の要点は，(1)『論考』のようなたがいに独立に真偽が決定される原子命題の想定は独断的であり，原子的事実を描出している命題間にも，論理的な関係が成りたつ場合があるということ，(2)命題がそれ自体で可能的事実を描出するというのは神秘的であり，命題の意味の同一性はその形式にあるというよりも，むしろその命題を用いて行為する主体の，行為のコンテキストのなかで決定される，というものである。命題の構成要素である名前が，その対象に密着したかたちで，その内的論理を備えたまま「あらかじめ与えられている」というのは，思考や判断が「永遠の相のもとで」なされるとみなす，「スコラ主義」なのである。

この考えには，判断や思考の内容は言語の形式の問題というよりも，「信念」と「欲求」の相関による行為の場面で明らかになる，というプラグマティズムの理論が含まれているが，彼のケインズ批判も，同じくプラグマティックな信念解釈からなされている。すなわち，ケインズは確率を命題同士の形式的，論理的関係として捉えたが，ラムジーは，確率をもつのは命題の形式そのものではなく，行為の場面でのその命題の信頼度のほうである，というのである。これらの批判は，二人の思想家いずれにとっても非常に強力な批判として受けとめられ，この批判に対処するかたちで，その理論の再構成を迫るものになった――。

さて，このように，いくつかの異なった方向へと分かれて解釈された『論理哲学論考』であるが，その著者であるウィトゲンシュタイン自身は，右のような反響を考慮する以前に，この著書の出版を機に一旦哲学の世界から完全に離れるという行動をとって，周囲の者を驚かせることになる。『論考』の序文には，「ここに述べられた思想の真理性は，もはや侵しがたいものであり，また決定的であるように思われる。私自身は、それらの問題は、本質的な点で最終的に解決されたのだと考える」とあった。彼はこの序文の信念に忠実に、哲学研究を完全にやめるという決心をする。しかも、オーストリア有数の富豪であった父の死によって相続した莫大な遺産も、ほとんど一文も残さずに放棄するということにした。こうして、戦争の終結とともにそれまでの生活に訣別した彼は、教員免許をえてオーストリアの僻地の小学校の教師をし、さらには、ウィーンで建築設計の仕事につくなど、新しい道を歩もうとした。

しかし、ウィーンの哲学者たちも、ケンブリッジの哲学者たちも、オーストリアの山村に住むウィトゲンシュタインを、そのまま放置しておくことはなかった。シュリックは、ウィトゲンシュタインが休暇でウィーンに帰ってくると、その学団の討論会に彼を招いて、たびたび理論的交換をおこなっている。一方、ラムジーはオーストリア山中のウィトゲンシュタインを何度か訪れ、『論考』の理論やラッセルのタイプ理論についての共同討議を行うとともに、イギリスに再び戻ってほしいという、ケンブリッジの人々の希望を伝える役を果たしている。そして、ケンブリッジからの熱心な招聘の中心になったのが、ケインズである。彼はラッセルと協力して、ほとんど無一文になったウィトゲンシュタインがイギリスを訪れることができるよう、さまざまな経済的援助の道を探ったのである。

ウィトゲンシュタインは結局、多くの躊躇を残しながらも、こうした熱意にほだされたかたちで、ケインズらとの旧交を暖めるために、ケンブリッジを再訪することを承知した（「私はイギリスに行くかどうか、いまだに決めかねていますが、もしもあなたに会うことができるのであれば、行きたいと思っています。あなたも私に会いたいと思っているのかどうか、どうぞ率直に教えてください」――ウィトゲンシュタインからケインズ宛て書簡、一九二五年）[24]。

そのうえに、ウィーン学団との理論交流のなかでめばえた哲学にかんする新しい着想ということもあって、彼は一九二九年には正式に、ケンブリッジの哲学科大学院に復学する。彼はまず『論考』で博士の学位を取得し、つづいてトリニティーのフェローに応募するために、『哲学的考察』という原稿を書きだした。この原稿によってフェローの資格を得たのは一九二九年、次いで哲学講師になったのは三一年である。

この、ケンブリッジで再び交流を開始した、二九年前後のケインズとウィトゲンシュタインの間の書簡は、現在でもいくつか残されているが、そこには大戦をはさんで復活した友情を喜ぶものにまじって、個人的な感情をぶつけあったものも含まれている。たとえば、次の往復書簡は、二人の気性と、複雑にからんだ結びつきとを鮮やかに浮きぼりにする、格好の例である。(25)

ウィトゲンシュタインからケインズ宛て　一九二九年五月一〇日

……私は先日あなたに最後に会ったときに、私のなかで先学期にすでに芽生えていたことを、非常にはっきりと確認したのです。そのときあなたは、私の会話その他にあきあきしているということを、はっきりと示しました。ところで、私がそのことを気にしているなどと、けっして思わないでください！　……私が気にしたのは、あなたの言葉のはしばしから、恨みとか、荷厄介という調子を聞きとったことです。たぶんこれらは正確な言葉ではないのでしょうが、ともかくそういう感じのものがあったのです。私はしばらくのあいだ、その理由が分かりませんでした。しかし、一つの考えが思いうかび、それが偶然から正しいものであることが分かったのです。それはこういうことです。私が思ったのは、あなたは、私があなたとの友情を大事にしているのは自分が困ったときにあなたから経済的な援助をうけるのが理由の一つだ、と考えているだろう、ということです。この考えは、私にはとてつもなく不愉快なものでした。……いずれにしてもしかし、こうしたことから、私が今後、あなたとのティータイムをもたないということではありません。私は、何が理由か分からないあなたの恨みの感情が消え去ったと思えるようになれば、どんなにか楽しいことかと思います。しかし、私が経済的な施しを受けるのは、友人からだけです(それだからこそ、私は三年前サセックスでは、あなたの援助を受けたのです)。

ケインズからウィトゲンシュタイン宛て　一九二九年五月二六日

あなたは何という狂人なのでしょう！　もちろんあなたがお金について言っていることには、一片の真実もありません。……

とんでもない、私たちが先日会ったときに私がかなり不機嫌そうに聞こえたとしても、それが「恨みの調子」だった、などということはありません。それはただ、あなたと一緒に、あなたにとって個人的に大事な、感情的な事柄を話そうとするときに、あなたの心に正しい印象を伝え、誤った印象を伝えないようにしようとすると、どうしても感じざるをえない困難というか、むしろ不可能なことに、私が疲れ、いらいらしてしまったということなのです。それなのに、あなたは出ていって、一つの説明をでっちあげた。それは私の意識からはあまりにもかけ離れたもので、私はそんな誤解のためにガードすることなど思いもつかなかったのです。

真実は、私が、あなた自身と、あなたの会話にたいして、愛情(loving)と楽しみ(enjoying)という二つの感情を抱いていて、そのあいだで揺れ動いており、そのために、私の神経は死ぬほど疲れきったということです。こんなことは、今に始まったことではないのです！　私はずっとそうでした——この二〇年間いつでも。それを、「恨み」とか、「無情」とか——もしもあなたが私の心のなかを覗くことさえできたら、きっと全然違うものを目にするはずです。……

ともあれ、こうした個人的な感情も渦巻くなかで、ケンブリッジにおけるウィトゲンシュタインの生活は始まった。当初はラムジーが彼のテューターをつとめるという形で研究が進められるが、そのラムジーは一九三〇年に、黄疸の手術の失敗で亡くなってしまう。ラムジーのこの突然の死のあと、友人のブレイスウェイトがケインズの勧めにしたがってその遺稿論文集を編集し、刊行する。『人物評伝』に収められたケインズのラムジー論の一部はその書評であり、ケインズはそこで、ラッセル、ウィトゲンシュタイン、ラムジーのこれまでの成果を次のように総括している[26]。

ラッセルの著作から最初に伝えられた印象は、形式論理の領域が極度に拡張されたということであった。しかしながら、ラッセル自身やウィトゲンシュタイン、ラムジーの手によってその形式的な取り扱いが徐々に完成の域に達すると、そのことが逆に、徐々にその内容を空疎なものにして、それをますますただの無味乾燥な骨組みに帰することになり、ついにはそれは一切の経験を排除するのみならず、ふつうに論理的なものとみなされる、合理的思考の原理の大部分を排除するように見えるようになった。ウィトゲンシュタインの解決は、それ以外のものはことごとく、一種の神がかりのナンセンスとして、たしかに個人にとっては大きな価値を有するけれども、厳密な議論には耐えることができないものだ、と見なすことであった。ラムジーのこれにたいする態度は、彼自身が一種のプラグマティズムと呼んだ方向へと進むことであった。それはラッセルにとっては共感できないものではなかったが、〈『論考』の〉ウィトゲンシュタインにとっては嫌悪すべきものであった。

さて、一九二九年以降のウィトゲンシュタインの哲学は、ラムジーによって「スコラ主義」と呼ばれ、ここでまたケインズによって、「無味乾燥な骨組みか、神がかりのナンセンスか」の二者択一として特徴づけられた、かつての『論考』の言語論を清算し、新たな言語論を展開する努力に費やされることになった。彼は『哲学的考察』と題された原稿ノートを何冊も書きつづけ、また、ごく少数の学生相手の授業のなかで、その新しい理論を鍛えあげていった。当時の講義ノートは、その限定印刷された冊子の表紙の色によって『青色本』『茶色本』と呼ばれ、ひそかに回覧された。また、この授業には、ムーアも出席し、その講義ノートものちに『マインド』に掲載された。ケインズはこの時期のウィトゲンシュタインを、同じラムジー論のなかで、こう報告している。

ウィトゲンシュタインは、時の車がすぐそこまで来てしまわないうちに、次の著作がはたして完成するのかどうかと、自問している。

これらのテキストに見られる思想は、最終的に『哲学探究』という「次の著作」に結晶する、ウィトゲンシュタインのいわゆる「後期思想」の萌芽の段階を示すものである(『哲学探究』はその著者の死後五三年に出版されるが、その序文のなかで理論的恩恵を感謝されているのは、ラムジーと、ケインズの経済学のサークルに属したスラッファの、二人である)(27)。

ウィトゲンシュタインはこれらの講義や原稿で、命題を画像としたそれまでの言語観をあらため、また独我論的な言語の主体という考えを徹底的に批判した。これらのテキストによれば、命題はもはや単独で意味をもつのではなくて、さまざまな命題同士が一つのグループを形成し、そのグループが共有する文法的な規則によってそれぞれの意味を確保する、とされる。しかも、それらの文法規則は、世界のなかの事実の描出という作用よりも、ずっと広い領域で活用される(たとえば、「命令する」「頼む」「問う」「あいさつする」「祈る」など)。それは命題そのものによる意味の表出ではなく、命題を用いたゲームの実践である。その実践には、複数の人間が必然的に関与し、個々人はこのゲームの規則の共有の場面で、はじめて有意味な発言を行うことができる――。

前期の「言語画像論」と対比して「言語ゲーム論」と呼ばれるこの理論の重要な点は、「真理」や「意味」のありかを、プラトン的な超現象界にでもなければ、スピノザ的な「永遠の相のもと」にでもなくて、「ざらざらとした大地」、すなわちわれわれの日常的な生活世界のもとに見出したというところにあった。それは、相互に独立な原子的事実のみからなっている『論考』の世界から、複雑に交差しあう言語ゲームの網の目が繰り広げる世界への、文字どおり一八〇度の転換であった。

おそらくウィトゲンシュタインはこうした理論を、単にラムジーやケインズの批判に負うだけではなく、敗戦後のオーストリアでの教員生活のなかでも培ったのであろう。その証拠に、この時期からの彼の言語理論の用例として、言葉を教えるというゲームが非常に重要な位置を占めることになる。いずれにしても、これが、ケインズが『一般理論』の出版によってその名声を不動のものにしつつある時点での、ウィトゲンシュタインが講義し、ムーアが聴講した、ケンブリッジの哲学の新しい姿であった――。

――われわれは本章で、ケインズが直接その生成の現場にいあわせた哲学思想を知るために、彼の学生時代から『一般理論』出版のころまでの、ケンブリッジの哲学科、すなわち「モラル・サイエンス・ファカルティー」の、三十余年にわたる軌跡を順番に辿ってきた。

そこで登場したのは、ムーア、ラッセル、ウィトゲンシュタイン、ラムジーという、分析哲学の中心的理論家たちであった。彼らはたがいに影響しあい、また批判しあって、それぞれの理論を形成したり、修正したりしてきた。それらは理論的共同作業であると同時に、きわめて個人的な結びつきの世界でもあった。現在のわれわれの目からみれば、彼らの理論的活動が、まさしく個人的な交流と深く織りあわさっていたゆえに、非常に少数の者からなる場所でありながら、その後の哲学を書きかえるような理論が生まれるという、驚くべき事態も可能であったのだろうと想像される。そして、この緊密な少数のサークルのなかに、ケインズもまた一貫して参加しつづけていたことも、以上の概観から明らかであろう。彼はたしかに、この三〇年あまりの哲学の流れの重要な場面で、いくつかの役割を果たしてきたのである。

それでは、この間のケンブリッジの哲学を全体として眺めるとき、その流れは結局のところどのようなものとして総括できるであろうか。われわれは以上の概略的な展望のなかだけでも、非常に入りくんだ理論的紆余曲折の数々に触れており、それらを統括するはっきりとした見通しを立てることはなかなか困難である。

しかし、ここであえて以上の理論展開の流れを大づかみにまとめれば、そこにはとくに二つの筋道がきわだっているといえるであろう。一つは、ムーアからラムジーにいたる系譜が、命題の論理的基礎を明らかにするという、論理分析の関心の共有によって貫かれているということである。この点ではとくに、ラッセルのパラドックスとの格闘と、その解決への熱意が、ウィトゲンシュタインやラムジーという若い才能を魅きつけて、それぞれの活動の独自な出発点を確保したといえそうである。

もう一つは、この間にケンブリッジの哲学が、ムーアにおける概念の実在論から常識主義的な認識論への転向と、ウィトゲンシュタインの禁欲的な言語画像論から言語ゲーム論への転向という、二つの世界観上の転向を経験したという事実である。これらはいずれも、無時間的、自律的な論理の世界から、日常的な常識と規範の世界への帰還、という性格をもっている。そして、実際にこれらの二度にわたる転向が、最終的にかなり重なりあい、接近したものになったことは、ムーアの立場との異同を集中的に検討した、ウィトゲンシュタインの最晩年の著作『確実性の問題』によく表われている。(28)

ケインズ自身の思想は、これらの二つの筋道のうち、どちらかといえば、基本的に後者の流れを体現した一つのケースと見ることができる。このことは、彼がラッセルよりも、ムーアやウィトゲンシュタインとより親しかったということからしても、ある意味では自然なことである。しかし、彼の理論のなかにも、ラッセル流の形式的な分析にたいする関心が含まれていないというわけではない。むしろ、これら二つの筋道の多様な要素を、それぞれどのように組みあわせ、展開しているかという点に、これまで見てきた思想家各自の個性が発揮されているともいえる。次章からは、そのことを、ケインズの思想に直接そくして確かめてみることにしよう。

第二章　ケインズの認識論の発展

1　ムーアからの出発

ケインズの名前を不朽のものとした『雇用、利子、貨幣の一般理論』は、その表題が示すとおり、一つの経済における雇用量と貨幣量および利子率との関係を、一般的な視点でモデル化する理論である。あるいは、もう少し比喩的にいえば、一国の経済全体の活力を表わす雇用量と国民所得というものが、その活動の媒体となる貨幣の総量と、活動の(つねに変化してやまない)コードである利子率とのいかなる相関から現象してくるかということを、分析しようとするものである。それは、一つの経済全体の主要な構成要素を特定し、それぞれのあいだの相関関係を根本的に解きほぐすという意味で、まさにマクロ経済学という科学のパラダイムを決定したといってもよい二〇世紀の古典である。

しかし、この著書は、たしかに経済現象のマクロ的な分析のきわめて卓越した成果であるけれども、それと同時に、それが、経済現象を構成する諸要素の相関関係の成立の説明において、主として経済主体たる個人や法人の「将来の不確実性にたいする心理的態度」の分析に焦点を合わせているという点では、不確実性をめぐる人間本性についての研究という性格をも合わせもっている。『一般理論』は、単に不完全雇用状態をも視野に入れたより包括的な経済分析という意味で「一般的」であるばかりではなくて、人間の精神をめぐる一般的、哲学的な分析から社会全体の特性の成立を説明しようとするという意味でも、「一般的な」理論なのである。(1)

ところで、このようにケインズの主著を、不確実性をめぐる人間精神の学として解釈するならば、この理論が、ケインズの唯一の純然たる哲学的著作である『確率論』の主題と、密接に重なりあうものであることは、明白であろう。『確率論』の主題は、われわれの信念が蓋然的で不確実であるというとき、その蓋然性とは何を意味するのかを分析し、あわせて、そうした蓋然的信念にもとづく経験的一般化の論理を明らかにしようとするものである。一方、『一般理論』を経済主体における将来の不確実性にたいする行為選択の一般理論として読めば、そこに展開されているのは、不確実性にたいするさまざまな種類の態度決定の複合が、いかなる意味で全体として合理性をもちうるものなのか、という分析である。したがって、『確率論』のケインズと『一般理論』のケインズとのあいだには、そのテキストの主題の表面上の相違から想像されるほどには、極端に大きな断絶は存在していないということになる。

それゆえ、われわれは『確率論』から『一般理論』にいたるケインズの思想の歩みを、一つの連続的な軌跡としてとらえることが、少なくともこのような「不確実性にたいする認知的問題」という解釈の軸にそって考えるかぎり、可能であるわけである。

それでは、そのひとつづきの道は、具体的にはどのような連続性をもったものであったのだろうか。それは、人間の信念一般の論理的分析から経済的活動というかぎられた場面への、主題の限定として理解されるべきなのか。あるいは、論理的分析から社会的分析という、分析手法の変換として解釈されるべきなのか。それとも、単にこれらの形式的な変化以上の相違を含んだ、より根本的な哲学上の転換をはらんだものであったとみなされるべきなのだろうか。本章では、こうした問題意識を念頭においたうえで、『確率論』から『一般理論』にいたるケインズの軌跡を、主としてその認識論上の主張を軸にして、考察してみたいと思う。

ここであらかじめ、ケインズの思想の軌跡の性格にかんする右の問いにたいする、本章での結論を述べておけば、それは、『確率論』の最初の執筆から『一般理論』の完成までの約三〇年間のあいだには、単なる研究主題の変化だけではない、哲学的な転換があったであろう、というものである。このことを簡単にいうと、『確率論』において分析されている「蓋然性」と、『一般理論』の主題の一つである、われわれにとっての「不確実性」というもののあいだには、たしかに繋がりはあるものの、それらはまったく同一のものではない、ということである。『一般理論』における不確実性は、『確率論』における幅広い蓋然性の理論によってもカヴァーできないような、より根本的な不安定性をもっており、しかもわれわれの合理的な行為選択の理解のためには、このようなより根本的な不確実性の論理の理解が必要である、とされるのである。

ケインズがなぜこのような結論にいたったのか。そうした結論を最終的に導くことになった問題意識の出発点はどこにあり、それがどのような契機を経ることで深化し、また再考され、その結果としていかなる認識論を生みだしたのか。これらの点を理解するために、まず、もう一度彼の理論的出発点となったムーアの議論にまでもどって、それにたいする彼のリアクションから見てみることにしよう。

さて、前章で確認したように、ケインズの学生時代の哲学的な洗礼は、ムーアの『プリンキピア・エティカ』によってなされたのであった。ケインズの属する若い世代のグループから圧倒的な支持をえた『プリンキピア』は、基本的に二つの理論的部分から構成されていた。一つは、科学としての倫理学の基礎を明らかにするメタ倫理的部分であり、ムーアは、価値判断の根本的述語である「善」が、定義不可能な固有の対象、すなわち概念を指示していて、それはわれわれの知的直観によって認識される客観的なものである、と論じた。もう一つは、行為の実質的な規範を特定する応用部分であり、この点でムーアは、「帰結主義(consequentialism)」の一種としての「規則功利主義(rule utilitarianism)」であると同時に、プラトン主義的理想主義でもあるような、「理想主義的功利主義(idealistic utilitarianism)」というかなり特異な立場を主張した。

前者のメタ倫理的な主張について、ムーアは次のように論じる(以下、ケインズの初期思想の理解に必要な論点だけをおさえておく)。

倫理学の主たる任務は、「善とは何であるか」「悪とは何であるか」を明確にすることである。しかし、「善」はちょうど「真」や「黄色」と同じように、それをさらに単純な概念に分解しようとしても不可能であるような、単純かつ究極的な概念である。「善は善であって、それが語りうることのすべてである」。「それゆえ「善」は定義不可能である。ところが私が知るかぎりでは、倫理学の著作家のなかでこのことを明確に指摘したのは、ヘンリー・シジウィック教授ただ一人のみであった(2)」。

ムーアによれば、ミルやベンサムのような「快楽主義的功利主義」の思想家たちは、「善」が「快楽」や「進化」などの「自然的な」性質へと分解し、還元できると考える点で、「自然主義的誤謬」におちいっていた。善という概念そのものの認識は、自然的な性質の感覚的知覚を通じてえられるものではない。それはまた、何らかの形而上学的な原理から演繹的に導きだされる概念でもない。いいかえれば、「善」は理性の認識対象でもない。したがって、われわれの倫理的な認識、あるいは価値的認識一般は、「直観」によるものであるということが導かれる。つまり、善が定義不可能で、感覚不可能でもあるとすれば、それはわれわれの直観あるいは内観によってえられる、「透明で」「直接的な」認識対象であるということになる。

善悪にかんするすべての命題は、最終的には、他の命題から論理的に演繹することのできない、単純に承認または否認されるほかはない命題へと帰着されねばならない。このことを別のかたちでいうと、倫理学の根本原理は自明である、ということである。(3)

ムーアはこのような「善」の定義不可能性と自明性の主張につづけて、「利己主義(エゴイズム)」という考えの混乱についても論じている。これは、自然主義的誤謬から唯一逃れているとされた、シジウィックの立場にたいする批判である。

シジウィックは、善が直観の対象であることを認め、それが感覚的対象である快楽などと独立に認識されなければならないことを指摘したが、同時に、この直観が個人的な精神状態であるかぎりでは、「合理的なエゴイズム」というものが承認される可能性があることを考え、このような立場と、何らかの意味での神的な全能を必要とする合理的な慈愛、あるいは社会的正義への義務とが、いかにして両立しうるのかという問題に非常な困難を感じていた。しかし、ムーアの極端な概念実在論と、その直観的な把握という認識論によれば、こうしたディレンマは誤った二律背反であるということになる。というのも、直観が透明で、直接的なものであるということは、とりもなおさずそれが、個々人の多様性や相対性を超越したものであることを意味しているからである。彼の概念実在論はその直観主義的認識論のゆえに、個人と社会との対立というものを捨象でき、あわせて倫理学的判断の客観性、科学性を確保できると考えられたのである。(4)

それでは、このような科学的倫理学の理念のもとで、実質的な行為規範はいかにして導出されるのか。ムーアはこの問題について、『プリンキピア』の後半の二章「行動にかんする倫理」と「理想的なもの」で論じている。これらは、「われわれは何をなすべきか」と「それ自体として善なる目的とは何か」ということを論じる部分であるが、容易に想像されるように、右のような善の定義不可能性のテーゼのゆえに、この部分の議論は、その科学性の標榜にもかかわらず、きわめて判明さを欠いたものになっている。

まず、第一の問いにたいするムーアの答えは、われわれは全体として善なる帰結をもたらす行為、言いかえれば「宇宙のなかに存在しうる善として、それ以外のいかなる可能な選択肢よりもより多くの善をひきおこす行為」を行うべきである、というものである。これは、行為の価値はその動機よりも帰結によって判断されるという、帰結主義的な理論である。

しかし、ムーアは一方で、この思想が重大な困難を抱えているということも認める。われわれがこの原理にのっとって自分の行為を選択するためには、われわれは自分の行為と外界の条件とが結びつくことで、今後どのような事態の系列が未来永劫にわたって生じるのかを知らなければならないが、そうしたことはいうまでもなく不可能である。したがって、われわれが価値判断においてできることは、せいぜいのところ、有限な将来についての、いくつかのかぎられた選択肢の比較ということになる。しかしその場合にも、多くの帰結についてはさまざまな蓋然性が関与し、それらの蓋然性同士の計算も複雑である。そこで結局、われわれ個人個人は、これまでの人間の歴史のなかでその帰結の価値が確証されているような行為の規則にのっとって行為することが、もっとも正しく行為することになる可能性が高い、ということになる。つまり、われわれの「常識」が、永い経験の蓄積の果ての結晶として認めている行為の規則こそが、最大の善を生むものと考えられる。

とはいえ、場合によっては、ある個人が一般的な常識以上の洞察力を発揮し、より大きな善を生むような行為を、常識に反してでも成しとげることはありえないのだろうか。ムーアはこのような疑問に次のように答えている。

個人の行為選択がこうした例外的な場合に属していると考えてもよい、ということはないのだろうか。その答えは断固たる「否」であろうと思われる。というのは、ある規則を遵守することがきわめて多くの場合に有用であるのであれば、個々の場合にその規則を破ることは悪である、という確率が高いからである。そして個々の場合にかんしては、われわれの知識は、その帰結、価値の双方についてあまりにも不確実なのであるから、その個別的な場合にはある帰結がおそらく善となろうという個人の判断が、そうした類の行為は悪であるという一般的な確率よりもまさるということは、

疑わしいからである。(5)

このようにムーアは、その実質的な倫理理論において、常識が定めている行為の規則にしたがうことが、全体にとっての最大の善をもたらすのに有用であるという、規則功利主義の一形態を提唱するのである。

さらに彼は、「目的それ自体」や「最高善」とは具体的には何か、という第二の問いについても、われわれ人間がその絶対的な内容を確定的に明らかにすることは不可能であるということを認める。というのも、ある事態全体の価値は、その各部分の価値の総和によっては計算できない可能性が強いからである(その理由は、われわれにとって内在的善とみなしうる個々の事態のうちに、われわれには知られていない内在的悪が付随しているかもしれない、という「有機的一体性(organic unities)」のもつパラドキシカルな性格のゆえである)。われわれにできることは、内在的善、内在的悪についての、一定の示唆を与えることだけである。ムーアはこのように断わったうえで、この第二の問いに次のような解答を与えている。

われわれが認識し、あるいは想像することのできる、何にもまして価値のあるものとは、意識のある状態のことであって、その状態とは大ざっぱにいえば、人間同士の交わりの喜びと、美しいものの享受のことである。おそらく誰であれ、この問題を自分自身で考えたことのある者であれば、人間的な情愛と芸術や自然における美なるものが、それ自体としての善であるということを、疑った者はいないであろう。……誰であれ、その公的もしくは私的な義務を果たすことが正当化されるのは、それがこれらの目的のためになされた場合のみである。これら二つのものこそ徳の存在根拠である。また、人間の行為の究極的な目的と社会的進歩の唯一の基準を構成するのも、これらのものなのである。(6)

ムーアの倫理学は結局、このような議論によって、定義不可能な善が具体的に顕在化するのは、「人間的な情愛と美の享受」においてであり、それゆえ、常識がこれらの実現を最大限にもたらすと教える規則にしたがって行為することこそが、道徳的に正しいことである、と結論したのである。

すでに見たように、この理論の登場は、ケインズを含むケンブリッジの若い哲学徒たちにとって、あたかも「新しい宗教」の啓示であるかのごとくに受けとめられたのであるが、これらの信奉者たちの眼にとりわけ魅力あふれるものに映ったのは、とくに最後の、愛と美の追求こそが善である、という思想であった。すなわち、彼らは愛と美の享受のなかでの善の「透明な」直観という、いわば一七世紀のケンブリッジ・プラトニストの思想の復活ともいうべきものに感動したのであり、そこから、この理想のより広範な実現を目標にかかげた社会活動への情熱を燃やそうとしたのである(7)——。

さて、ケインズはムーアのこの哲学に決定的な影響をうけた少数の人々の一人であり、とくに、その愛と美の享受という理想を、社会活動の究極的目標に置くという考えにかんしては、他の誰よりも生涯一貫して保持しつづけ、またそのための具体的な実践にもっとも積極的に寄与しようとしたといえる。というのも、彼の後年の政治経済政策に見られるさまざまな主張は、いずれもその根底に、ムーア的な最高善の広範な達成という思想がよこたわっている、と考えることもできるからである(たとえば、「インフレーションは正義に反しており、デフレーションは得策ではない。しかし、二つのうちでは、おそらくデフレーションのほうが一層悪い。というのも、貧困化した社会においては、金利生活者を失望させることより、失業を生じさせることのほうが、一層悪だからである」(『貨幣改革論』)という有名なインフレーション擁護論や、『自由放任の終焉』などに展開された「所得の不平等」と区別された「富の不平等」の正当化の批判など[8]でいわれる「悪」の意味は、この最高善の思想を抜きにしては考えられないであろう[9])。

しかしながら、ケインズがムーアの倫理学の結論にいかに深く心酔し、共鳴したとしても、そのことは彼がこの理論全体を受けいれて、そこに何らの理論的不整合を認めなかったというわけではなかった。むしろ、彼は当初から、その結論の意義を深く認めるがゆえに、そこにいたるムーアの議論に見られる数々の難点に注意を向けざるをえず、その難点の克服をつうじてより完全な理論の構築を試みる必要があるのではないか、と考えるようになった。そこで、ムーアの理論を修正し、その不整合の解消の途を模索することが、ケインズ自身の思想的営みの出発点となったのである。

われわれが現在このような彼の初期思想について知ることができるのは、彼がムーアやラッセルらとともに属したケンブリッジの哲学討論会(いわゆる「使徒会」)で発表したいくつかの発表原稿と、遺稿として残されたノートによってである。それらは一九〇四年から一〇年頃に書かれた二〇篇あまりの原稿であり、そのうちの数篇が直接、間接に以上のようなムーアの理論に向けられた批判からなっている[10]。

これらの初期論文については、スキデルスキーの伝記『ケインズ——裏切られた期待』におけるその初期思想の詳細な分析のなかで紹介されていらい、非常に注目されるようになり、それはモグリッジの新しい伝記においても大いに活用されており、また、近年のイギリスにおけるケインズの哲学思想にかんする多くの研究のなかでしばしば引用されている。ここでは、これらの研究を利用しつつ、代表的な論文三篇(「行動にかんする倫理」「倫理雑考」「エゴイズム」)の趣旨を確認し、そこから窺えるケインズの哲学的探究の方向というものを見定めることにしよう。(11)

「行動にかんする倫理」(一九〇四)(12)

この論文は、ムーアの『プリンキピア』の第五章の表題をそのまま踏襲したもので、常識のさだめる規則にしたがって功利主義的目標を達成しようという、そこでの議論を批判するものである。ケインズはこの論文において、ムーアの依拠する数学的期待値という意味での善なる帰結の最大化という議論と、経験が教える頻度という意味での「確率」という考えをともに批判している。これらは、彼がのちの『確率論』において体系的に展開することになる確率概念と、それの行為選択への適用にかんする懐疑という思想を、最初に示したものである。

まず、われわれが自分の行為の帰結の数学的期待値を遠い将来にわたって計算することは不可能であるから、有限な将来についての限定された範囲での計算を行いつつ、常識の規則を参照するべきであるという、さきのムーアの議論について、ケインズは、この前提からはこのような結論は導かれない、と論じる。われわれが遠い将来の帰結を計算できないのであれば、可能なことは無知を無知として認め、「無差別の原理」を適用するほかはなく、そのことは有限な将来についても同じであるはずである。

さらに、われわれは常識にしたがうことによって善を生みだす確率が高いという議論には、確率についての誤った理解が含まれている、と彼はいう。われわれの通常の行為の規範には、ある行為の帰結の蓋然性が過去の経験の知識によって知られる、という前提が含まれており、ムーアもこのことを暗黙裡に認めている。これは確率にかんする「頻度説」にほかならない。しかし、いうまでもなく過去の経験は、これまでに経験したことのないような事柄にかんしては、何の助けにもならない。そればかりではなく、われわれが過去の経験に照らしてある行為の帰結の蓋然性について判断する場合にも、もっとも重要なのは、過去の事実をどのようなものであると解釈するか、という判断の問題である。すなわち、確率を生みだすのは、経験そのものではなくて、経験と新たな行為とのあいだの関係を解釈する、われわれの認識作用である。

私が確率の言明ということで意味するのは、「自分はBよりもAに有利であるような証拠をもっている」という類の言明である。私は自分が利用できる証拠の意義(the bearing of the evidence)にかんして、一つの言明をおこなっているのである。私は、永い眼で見ればAのほうがBよりもたしかに生じやすい、といっているのではない。

そして、われわれがこのような確率判断を行いうるのは、証拠と行為のいずれもが個別的で、明確に命題化されている場合にかぎられる。ところが、常識の教えることはすべて、一般的な事象についてのみである。したがって、常識が教えることが善へと導く蓋然性が高いという議論にはまったく内実がなく、また、それにしたがうことが有利であるということもいえない。いいかえれば、常識を規範とする規則功利主義は誤りであるということになる。

「倫理雑考」(一九〇五)

これは口頭発表のための原稿ではなくて、何ヵ月にもわたって書きつけられたノートであるが、ケインズはここでは、『プリンキピア』最終章の「理想的なもの」における推論のほうを吟味の対象としている。まず、ムーアのいう「有機的一体性」について彼は、これを認めるならば、われわれは自分の行為を決定することができなくなり、「われわれは啓示による以外には何ものによっても救われないような、道徳的な不能におちいるであろう」という。というのも、有機的一体性のパラドキシカルな効果を厳密に考慮するならば、われわれが認めうる究極の善とは、結局宇宙全体に帰するほかはなくなってしまう(そして、ムーア自身そのことを認めていた)。しかし、このような考えからは、われわれの行為の指針は何もえられないであろう。

ケインズはこのようにムーアの実質的な倫理学が空疎なものに堕しかねないものであることを指摘して、その原因が、ムーアが「善」という述語が付与されるべき対象にかんして両義性を残しているところにある、と論じる。ムーアは、「善が意識的存在者の精神的状態にのみ当てはまるものであることを見逃している」。彼はたしかに、価値の最高形態を意識の状態に結びつけてはいるが、それはあくまでも、善なる対象それ自体にわれわれの精神が「適合(fit)」するためである(これこそ彼の直観主義の認識論が導く議論である)。しかしケインズによれば、反対に、善であるのはわれわれの精神状態あるいは感情であって、対象のほうがそれに適合するのである。そして、内在的な善が有機的な一体性をもったひとまとまりのものであるとするならば、それは、こうした精神的な状態がその構成部分によって構成している一体性である、ということになる。

倫理的な計算においてわれわれの唯一の単位となるのは、個々人の瞬間的な精神状態である。一つの精神状態がいくつかの部分を含むかぎりで、私は有機的一体性を認めることができる。われわれが問題にするのは、この一つの精神状態の卓越性についてである。有機的一体性の原理は個々人をこえて働くことはできない。

ケインズはこのように、このノートでは、個人の具体的な道徳感情の生起こそが内在的善であるという、一種の感情説にちかづいている。

しかしながら、それでは、このような善が本来客観的で自明なものを指示するという、ムーアの自然主義批判のほうはどうなるのか。あるいは、こうした個人の精神状態の重視は、ムーアが退けたシジウィックの合理的エゴイズムのディレンマを再び呼びもどすことになるのではないか。ケインズはこの問題を意識して、その解決のためにここでは、人間同士のおおよその斉一性のゆえに、「われわれが考え感じること」の客観性を確保できる、という考えを示した。すなわち、「人間の器官のおおよその斉一性を想定するならば、われわれは十分とはいえないまでもしばしば、特殊な状況を除いて、ある人が何を考え感じるべきか、を述べることができる。……このような図式は、形而上学者が求めるような厳密さをまったく欠いていると思われるかもしれない。しかし、これはその唯一の基礎である、われわれの現実の直観と経験という証拠に反してはいないと、私は信じる」というのである。

「エゴイズム」(一九〇六)

しかしながら、彼は翌年のこの論文では、その個人主義的な感情説がこのようなあいまいな議論によっては善の十分な客観性の確保にはいたらない、と考えなおして、善の直観的な把握にもとづく行為の決定という思想について、さらに深刻な懐疑を抱くようになる。この論文の直接的な批判の対象は、ムーアのエゴイズムの否定の議論であるが、その過程で彼は、むしろ直観的認識という認識作用のもつ、個別性と一般性という難問そのものに直面するのである。

さきに見たように、ムーアにとってはエゴイズムの問題は、個人同士の認識の相対性という誤った認識論に起因するものであった。しかし、有機的な一体性が個人の精神をこえては働かないのであれば、価値判断が個人間で異なることは当然であり、しかもそれらは対立する可能性が十分にある。「私は宇宙の良き友であり、私はそのために最大限の努力をするつもりでいる。しかし私はそのために、悪魔に助けを乞うつもりがあるだろうか」。いいかえれば、たとえわれわれの精神活動がたがいにおおよその斉一性をもつものであっても、決定的な価値判断において正反対の結論を導く可能性があるということである。このことを否定するためには、個人的な善ではなく一般的な善(general good)が、単にわれわれの直観の対象となりうるというばかりではなく、まさにその一般性のゆえに正当化される、ということにならなければならない。

したがって問題はこうである。一般的な善の追求は、一般的な善がまさに一般的な善であるというそれだけの理由で、それ自身を至上のものとして正当化できるという議論がありうるとしても、この議論は、それ自身が直観的に合理的で、知性にとってただちに明瞭なことなのだろうか。エゴイストはそれを否定するであろう。

ここでケインズが問題にしているのは、たとえば道徳の普遍化可能性を理性の自律にもとづけようとするカント的な議論は、はたして知性的な議論の枠内で決着が可能なのか、という問題である。そして、彼はこの問題を、一八世紀における道徳の根拠にかんする利己説と利他説の対立ともからめてさまざまに論じたうえで、結局このディレンマが最後まで解決できないことを認めて、論文を終えている。この論文は、ケインズの初期の一連の考察のうち、ムーアにかんするものとしてはほぼ最後に位置するものであり、その意味で、彼のムーア理論の改良という企ては未完に終わったのである——。

さて、ケインズの初期哲学的考察のあらましは以上のようなものである。われわれは右のような簡単な要約によっても、彼の初期の思索のなかに多くの主題が集中的に論じられているさまを見てとれると思われるが、ここでは、そのもっとも重要な問題関心として、次の三つの点を挙げておくことにしよう。

まず、ケインズには、ムーアにおける規則功利主義と理想主義の奇妙な理論的アマルガムを生じさせたものが、確率についての誤った理解にあるという認識があり、その理想主義を生かすためには、「常識に依拠した規則功利主義」というものを導いた確率論そのものを、新たに作りかえる必要があると考えられている。

そして、第二に、ムーアの概念実在論(科学としての倫理)と経験論の一種である頻度説にもとづく確率解釈(常識としての倫理)とは、たがいに相いれないのであるから、確率論自体を直観主義的に改変したうえで、概念の把握と蓋然性の付与とを同じ一つの精神作用の部分とするような、人間認識の一般的な論理的モデルが作られなければならない、と考えられている。

さらに、第三点として、この一般的な認識のモデルは、その実際の適用の場面では、個々の認識主体の精神状態と直結しなければならないのであるから、認識の個別性と一般性の関係をどう理解するのかという難問に、何らかの答えを用意しなければならないことが、意識されている。

われわれがケインズの初期論考から読みとることができる問題意識は、このようなものであり、そしてそれらはまさしく、『確率論』が全面的にとりくもうとした問題である。しかも、次節以降で見るように、『確率論』がこれらの問題にすべて答えることができたわけではなく、これらの問題の一部(とくに第三の問題)は、さらにのちの理論にまで引きつがれることになる。その解決は予想以上に長い期間にわたってもちこされることになり、その意味で、ケインズの思想的営み全体に影を落とすのである。

2　『確率論』の認識論

『確率論』は初出の版で四六〇頁ほどの論考である。それは五部からなり、巻末にきわめて網羅的な文献一覧がついている。この文献一覧に挙げられているのは、パスカルやライプニッツの時代からケインズ以前のヴェンやポアンカレにいたる、三〇〇年間に現われた代表的な確率論のテキスト約六〇〇篇であるが、その多くには短い書誌的、あるいは内容的なコメントがつけられており、この一覧表は現在の時点でも確率にかんするもっとも詳細な資料の一つといってまちがいない。この文献表からだけでも、ケインズがこの書に傾注した知的努力には、なみなみならぬものがあったことが知られるであろう。[13]

『確率論』全五部の構成は次のようになっている。第一部は、「確率」という概念を定義し、それがどの程度まで測定できるようなものであるかを論じる。第二部は、厳密に形式化されたかぎりでの確率の体系が有する基本定理を列挙する。第三部は、経験的一般化のための帰納的推論が前提すべき、論理的原則を分析する。この主題は、第五部の統計的帰納法の分析においてさらに掘りさげられる。そして、これらの間にはさまった第四部では、帰納法をめぐる歴史上のさまざまな哲学的問題を整理し、それにたいするケインズの見解が示されている。

このように、『確率論』は全体として、確率概念の定義とその形式的体系化を試みた前半部と、それを応用した帰納的推論の分析からなる後半部の、二つの部分から大きく構成されている。本節では、その前半の確率解釈そのものをとりあげて、その背後にある認識論的立場の輪郭をつかむことにしよう(後半の帰納法の問題は、本書の第二部で扱うことにする)。

さて、『確率論』の一部・二部の理論だけでも、その内容には非常に多岐にわたる議論が含まれているが、その要点を、とくに他の確率論から区別されるケインズの確率論のユニークさをきわだたせる点に焦点をあてて、多少教科書風に箇条書に列挙しようとすれば、それはおおよそ以下のようになる。

(1) 演繹的論理学や純粋数学のような形式的学問以外のすべての科学は、形而上学、物理学、あるいは行動にかんする倫理学などを含めて、いずれもその結論に疑問の余地を残すような(inconclusive)議論によって構成されている。したがって、これらの知識一般の哲学的分析のためには、まず「蓋然性」すなわち「確率」の研究が先行しなければならない。

(2)　この確率とは、それを判断する際に用いられる命題が言及しているところの、物理的対象そのものに帰せられるべき性質ではない。確率が付与されるべきなのは、ある一つの命題から他の命題へといたる推論(inference)にかんしてであり、われわれは一組の前提と帰結とからなる推論のもっている蓋然性を判断するのである。

(3)　確率はこのように、ある命題から別の命題へといたる推論に適用されるべき概念であるから、それはつねに「関係的」である。個々の命題は他の命題との関係にかんして確率をもつのであって、各命題そのものに確率を帰することには意味がない。

(4)　確率が表わすのは、「確実性の度合(degree of certainty)」であって、「真理の度合」ではない。確実性の度合とは別の言葉でいえば「合理性の度合」のことであり、合理性と真理とは独立の概念である。人は誤った帰結をもつ推論であっても、それを蓋然的と判断することにおいて非合理であるとはかぎらない。

(5)　命題同士の蓋然性についての関係、すなわち「確率関係」は、その推論者によって自明なものとして直観され、あるいは「直接に知覚」される。確率が付与される推論の前提は「知識」であり、その帰結は「信念」である。その推論全体は、それ自体としては間接的な知識の一種ということになるが、そこで直観されている確率関係は、「二次的命題」として直接的知識の対象となりうる。

(6) この直接知覚される確率関係というものを、さらに単純な概念に分解することはできない。確率関係は定義不可能な、プリミティヴな概念であり、同時に客観的な概念である。さらに、この確率関係同士のあいだの関係を形式化できるという意味で、それは論理的な概念である。

(7) 確率関係は他方、かならずしも数量的に表現できるとはかぎらない。それは特殊な場合には確定的な数値を与えることができ、またその他の大多数の場合にも、確率同士の相対的な大小関係を表わすことは可能であるが、数量化がまったく意味をなさない確率もありうる。

(8) したがって、確率関係の種類は一種類ではなく、多くのシリーズからなる。そして、異なった確率のシリーズ間にも相互連関は存在しうる。各々のシリーズの種類を決定するのは、確率が付与される推論の前提と帰結とを結びつける、「関連性(relevance)」の種類である。確率関係が直観的に認識される以上、この関連性の種類も直観的に把握される。

(9) 個々の推論のもつ性質は、この関連性という特徴によるほか、前提が知識としてえられるさいに依拠された「経験の量」という側面からも、特定できる。この側面から規定される推論の性質は、「議論の重み(weight of argument)」である。推論の「確率」と「重み」とは、それぞれ帰結と前提にかかわる別個の問題であるゆえに、独立の性質である——。

ケインズの確率論の基本テーゼは、右のように九つにまとめることができる。これらをここでは、仮に確率にかんする、(1)可疑的科学の本質、(2)推論の性質、(3)関係性、(4)合理性の度合、(5)間接的知識、(6)客観性と論理性、(7)非数量性、(8)シリーズと関連性、(9)「重み」からの独立性、のテーゼと呼ぶことにしよう。[14]

さて、われわれがこの理論をこのように特徴づけてみると、これらのテーゼの各々の内容とその主張の根拠とが問題になるばかりではなく、さらに、これら九つのテーゼ全体の整合性ということも問題になるであろう。はたして、ケインズはこれらのテーゼによって、一つの統一ある確率解釈を構成することに成功しているのか。彼が一々のテーゼのために提出している議論同士のあいだには、一貫した関係が保たれているのだろうか。この問題は、彼の確率論が、(1)で述べられているように、科学一般の哲学的予備学を目指したものであるのであれば、当然問われるべき問題であり、さらには、この理論が今世紀の確率をめぐる理論の代表的なものの一つであるという歴史的事実からしても、ぜひとも検討されてしかるべき事柄である[15]。

しかしながら、ケインズの認識論的立場の全体的な展開を知ろうという、われわれのここでの関心からすれば、このような詳細な分析は不可能でもあり、また不必要である。そこで、これらのテーゼのうち、彼の認識論的主張の核心をなすと思われる、(5)の間接的知識としての確率という考えと、(6)の客観的、論理的性質としての確率という考えにのみかぎって、その内容を考察し、その検討の過程で他のテーゼについても触れられるものは触れることにしよう。

(なお、これらは、ケインズの確率論のいわば認識論的基礎に当たる部分であり、逆に、この理論をその結論のほうから特徴づけようとすれば、(7)の非数量性の議論や、(9)の「重み」と「確率」との関係が、とくに彼の理論のきわだった独自性を表わしている。そして、これらの議論がのちの『一般理論』のなかでも軽視できない役割を果たしていることを考えれば、本来はこれらの点についても、詳細な検討がなされなければならないのであるが、ここでは割愛する[16]。)

ところで、われわれが取り上げるのは、確率のもつ間接性、客観性、論理性という特徴である。このうち、確率関係がわれわれに直観されるゆえに、客観的なものであるという議論については、ムーアの議論を念頭におけば容易に理解されるであろう。前節で確認したように、ケインズはムーアの直観主義を確率概念にも拡張することによって、「将来の科学のプロレゴメナ」をより完備したものにしようとしたのであり、そしてまさにその具体的な説明のために、間接的知識と論理的性質の議論を用意したのである。他方、これら後者の二つの主張においては、彼はラッセルの論理思想のほうを応用している。すなわち、間接的な知識という概念については、ラッセルの「記述の理論」の発想を応用しており、また、推論の論理的性質としての確率という考えにかんしては、ラッセルの演繹的推論の理論との対比のもとで、その特徴を説明しようとするのである(17)。

まず、確率とは前提と帰結からなる推論の性質にかんする、二次的、間接的な知識である、というテーゼ(5)は、次のように説明されている。

われわれの信念が、何の根拠もない不合理な信念ではないという意味で、その合理性の程度が問いうるというのは、その信念が何らかの「知識」にもとづいてえられている、ということである。知識には「直接的」なものと「間接的」なものとがあるが、いずれの知識もその究極的な源泉は、われわれが対象を直接に「見知っている」ことにある。つまり、「直知(acquaintance)」の対象が、われわれの認識の材料を提供する。この直知そのものは命題化されておらず、われわれは経験、理解、知覚、という三つの認識の様相をつうじて、「感覚、観念または意味、事実または関係」というものを直接的に把握する。

そこで、直知に由来する命題的知識は、その知識が直知の対象の直視(contemplation)においてそのまま成立するものであれば、直接的な知識であり、そうではなくて推論によるものであれば、間接的な知識なのである。直接的知識と間接的知識の相違は、対象「の知識(knowledge of)」と、対象「についての知識(knowledge about)」の区別ということもできる。

たとえば、黄色い色の直知からは、「私は黄色の感覚をもつ」という直接的知識がえられ、黄色の感覚と「黄色」という言葉の意味(観念)の理解からは、「私は黄色という意味を理解する」という直接的知識がえられる。

ところで、確率がかかわるのは、知識としての前提命題と、そこから推論される帰結命題であるから(テーゼ(2)(3))、確率は間接的知識に属するのであるが、この命題同士の派生関係についての知識は、それ自体としては直接的知識とみなすこともできる。というのも、われわれは前提となる知識と、確率関係についての「知覚」とによって、帰結命題を派生させつつ、その合理性の度合を判断しているからである(テーゼ(4))。そこで、前提としての知識から推論される帰結命題を「一次的命題」と呼び、前提と帰結との関係を表わす命題を「二次的命題」と呼んで、区別する必要がある。厳密にいえば、間接的知識であるのは「一次的命題」のほうであり、「二次的命題」そのものは直接的知識の複合とされなければならない。

われわれがもっている知識のうち、直接的にえられるものは、間接的にえられるものの前提を提供する。われわれはそれらの前提から、あらゆる結論についての何らかの度合の合理的な信念を正当化しようと努める。われわれはこのことを、前提と帰結とのあいだのある種の論理的関係を知覚することによって行う。こうした方法でわれわれが推論するような合理的信念は、蓋然的であると呼ばれ、その知覚によってその信念がえられる論理的関係は、確率関係と呼ばれる(18)。

さて、ここでのケインズの認識論とラッセルの「記述の理論」とを対比してみると、次のようなことが分かる。ラッセルにとっても、われわれの知識の源泉は直知の対象にあり、われわれはその直接的な知識をえることができる(たとえば、「これは白い」という命題)。しかし、彼の場合に「間接的知識」あるいは「についての知識」と呼ばれるのは、知識としての前提から論理的に推論される帰結のことではなくて(それは演繹的かつ直接的に知られる)、直知の対象から量化子や等号と、命題関数というフィクション的な道具立てを用いて構成される、「記述の対象」についての知識である(たとえば、「現在のイギリスの君主は女性である」)。これにたいして、ケインズの場合には、前提から仮説的に推論される帰結そのものが、間接的な知識とされている。したがって、ケインズはラッセルの記述の理論を利用しながらも、知識の間接性ということで、ラッセル的な「論理的構成」とは別の概念を用いなければならない。そこで、それを説明するために用意されたのが、テーゼ(6)でいわれる、確率関係という「新しい論理的関係」、あるいは「推論と確率における相対的論理(the relatival logic of inference and probability)」である。

われわれは、ラッセル氏によって定義された含意(implication)とは区別される、推論の定義を手にすることができるが、これはきわめて重要な事柄である。……彼の定義によれば、「pはqを含意する」〔つまり、「pが真ならばqは真」〕は、「qが真であるか、またはpが偽であるかの、いずれかである」という選言命題と厳密に同値である。しかし、これは、われわれがqがpから推論されるとか、導かれる、というときに意味しているものではない。……推論と確率にかんする相対的論理と、ラッセル氏の含意にもとづく普遍的論理との相違は、前者が、諸命題一般と、ある限定された有限な命題グループとの関係にかかわる、ということにあると思われる。推論や確率が重要性をもつのは、現実の推論においては、われわれの知識の有限性が、ある特定の命題の集合を提示し、われわれがその知識を追究している他の命題を、この集合に関係づけなければならないという事実のためである。推論の過程やその結果は、真であるものにのみ依存するのではなくて、われわれが出発点としなければならない特定の知識の集合にも依存しているのである(19)。

ここで言われていることは、おおよそ次のようなことである。まず、われわれが「pならばq」と言うとき、それはただ、「pではない」と主張しているのでもなければ、「qである」と主張しているのでもなくて、まさしく「pならばqである」と主張しているのであるから、われわれは実際には、その暗黙の前提として、「pならばqである」を真とするような、(pやq以外の)複数の命題からなるグループが実在する、ということをも主張していることになる。この命題のグループとは、一定の論理法則と「pならばq」と矛盾しない真なる命題の集合からなるものである(グループは「談話の世界(universe of discourse)」とも呼ばれる(20))。

そこで、pという前提のもとでqという帰結が部分的に含意されるというのは、pがqよりもその真理の認識において「先行し」、しかも、pを真とするグループとqを真とするグループとのあいだに、一定の包含関係が成りたつということである。いいかえれば、「pがqを度合Pで含意する」、あるいは「pの前提のもとでqの確率がPである」という二次命題は、pを真とする命題グループのうちのPの割合のものがqをも真とするという、包含関係の度合を述べているのである[21](ただし厳密には、Pを「度合」や「割合」と解しうるのは、この確率が数量化しうる場合だけである)。

ケインズはこのような道具立てのもとで、確率関係同士の「和」と「積」の定理を与え、さらに、前提と帰結とのあいだの「関連」「無関連」の定義も与えている。命題同士の確率関係のシリーズを決定するのは、命題間に存在する関連性の種類によるとされていたが(テーゼ(8))、この「グループ」の理論を使っていえば、関連性とは命題が属するグループの論理法則と基本的真理によって決定される性質である、ということもできるだろう。いずれにしても、確率の認識が「間接的」であるのは、それが「グループ」あるいは「談話の世界」への参照をまたずには成立しない、ということに帰着することになる――。

さて、『確率論』の認識論の基本的な考えかたは、以上のようなものである。この書物が出版されたとき、多くの読者は、そこで展開されている確率の論理体系の精緻な記号表記と、それにしたがった非常に多くの定理の羅列に眼をみはったのであるが、ケインズ自身は、その形式的体系が右のような認識論的考察に裏打ちされていることに、もっとも満足を覚えていたように見える。

彼は、以上のような議論とそこから導かれる定理の証明を指して、「これは良心的な著者であれば携わらざるをえない基礎作業である。それを行う過程は、その結果が読者にとってもつ以上の価値を、作者にとってもっている。読者は、この理論の建築術的企ての細部について検討することよりも、その構築の残りの部分の信頼性の保証として、何事かがなされうるのだということを知ることのほうに関心がある。しかし、私自身の思考の展開のためには、〔これらの問題を論じた〕以下の章がきわめて大きな重要性をもっていた」と書いている。[22] ブレイスウェイトも触れていたように、ケインズはこの作品の末尾で、「本書は、英語で書かれた確率にかんする体系的な研究としては、現在でもケンブリッジでしばしば見かけるヴェン博士の『偶然の論理』以来、五五年にしてはじめて現われた書物である」と断わっているが、[23] こうした自負も、右のような認識論的、論理的な基礎作業の重みを考慮すれば、理解できるであろう。

それでは、一個の論理的研究としての内在的価値を別にして、このような骨のおれる基礎作業を踏まえて構築された確率論は、ケインズの哲学的問題関心からみて、いかなる意義をもった成果ということになるのであろうか。また、それはどの程度まで、彼の当初の目的を達成したということになるのだろうか。

この点についてまず指摘されるべきなのは、『確率論』がムーアの理論とラッセルの理論とを踏まえながら、それぞれの主題を大幅に拡張し、それによって両者の理論を結びつけた、一個の総合的な知識論になっているという事実である。というのも、この確率論は、一方でムーアの倫理学に含まれた確率概念を改訂しながら、それによって単に倫理学のみならず、形而上学やさまざまな経験科学も含む科学一般の推論の基礎を与えようとしているからであり、他方で同時に、ラッセルの形式的論理をその一部として含む、「合理的な推論」一般の理論を提供しようとしているからである。このことを別の角度からいうと、ムーアの「観念論の論駁」に見られたような「命題」や「真理」という現象超越的な対象の分析から出発したケンブリッジの哲学が、「知識」という人間の精神的活動の成果を具体的に分析するところまでたどり着いたということでもある。それは、過去の経験主義的な確率論にかわる論理主義的な理論の構築という企て以上に、科学の基礎づけという、ケインズが属した哲学グループの当初からの目標の一つの実現を意味していたのである。

そして、この企てのなかで、ケインズが初めから鋭く意識していた、直観主義的認識論にとっての、認識の個人的性格と客観的側面をどう両立させるのかという問題も、一つの解答が与えられたということになる。それは、右に見てきた直接的知識と間接的知識の説明と、間接的知識の基礎をなす「談話の世界」という議論によって解かれたことになる。すなわち、われわれは直知による直接的知識を確保しつつ、論理的原理と既存の知識の集積からなる命題グループの参照によって、その直接的知識から導かれるさまざまな信念の合理性の程度を客観的に判断できる、というのがこの認識論の結論である。

『確率論』の目標はこのように野心的なものであり、その実現のための哲学的基礎作業も徹底したものであった。そして、記号を用いた形式的な論証の構築も、『プリンキピア・マテマティカ』の厳密さにはおよばないものの、相当に整備されたものであった。

しかしながら、この哲学的論考の企てには、以上のような成果とともに、なおも未解決な点が多く残されていたこともまた事実である。それは純粋にテクニカルな面においても見られるが、とくに決定的に重要なのは、この理論の基礎を提供する認識論が、その表面的な一貫性にもかかわらず、最終的には完全な分析を与えてはおらず、むしろ深いレベルでの不整合を放置している、ということである。

このことは、さきに要約したテーゼ(5)と(6)の議論のいちいちのステップについて指摘できることであるが、われわれはそうした細かい論証の吟味をまたなくても、その結論によってこの理論の未決着なところを見てとることができる。『確率論』の認識論の結論によれば、われわれの確率判断が直観的に自明であると同時に客観的でもあるのは、個々の推論が直知にもとづく前提命題を出発点にしつつ、既存の知識によって構成される命題グループの参照をも含むことのゆえであった。しかし、既存の知識そのものはけっして直観的に自明とはかぎらず、むしろ多くの場合に蓋然的であり、また知識を共有する人々に「相対的な」ものではないのか。それゆえ、確率の認識が客観的であるという主張は、場合によっては循環におちいる可能性があり、さらに悪くすると自己矛盾的なものでさえありうるのではないか——。

ある意味でケインズ自身は、こうした不整合な理論的帰結をそのまま受けいれていたとも考えられる。というのも、『確率論』の随所には、確率判断の絶対的な意味での客観性を否定して、それがわれわれの知識の程度に相対的であることを認める議論が見られるからである。[24] とはいえ、一方で形式的な論理体系の整備を行いつつ、他方で認識論的基礎づけを与えようとした彼は、やはり、この不整合を不整合として明確に意識するまでにはいたらなかった(本書第四章で見るとおり、彼は『確率論』後半の帰納法の基礎づけについては、それが未完成であることを自分から表明しているが、前半の確率解釈については、そうした留保は示されていない)。このことを彼にかわって容赦なく指摘することになったのは、ラッセル、ケインズ、ウィトゲンシュタインの共通の弟子にあたり、彼らのいずれの理論の不整合についても見のがさなかったラムジーである。

3　自己批判と転換

『確率論』は、ケインズの初期の哲学的論考の課題に一定の解答を与えることはできたが、なお不十分な点と不整合な点とを残しており、彼自身それを全面的に完成されたものとみなしていたわけではない。しかし、この著書が出版された時点で、彼はすでに経済学の講師であるとともに、多岐にわたる政治的、経済的現実の渦中の人物として活躍しており、この論考の課題をさらに展開する動機も余裕ももはや持ちあわせてはいなかった。いわば、『確率論』は彼の学生時代からの大きな宿題のおくればせの提出であり、本来その完成によって、哲学徒としての彼の過去に終止符を打つはずのものであった。

『確率論』の出版にさいしてその詳しい書評を『マインド』誌上で発表したブロードは、その冒頭で、この書物のそうした特異な性格とともに、この書物を生みだしたケンブリッジの哲学そのものにも波及しつつあった自己懐疑的な傾向を示唆する、次のようなエピソードを披露している。それは、第一次大戦の勃発とともに、ウィトゲンシュタインは前線に、ラッセルは反戦活動に、ケインズは大蔵省におもむいた、七年前のある日を思い出して書かれたエピソードである。

私は、一九一四年の夏休みに、ケインズ氏とラッセル氏とともにこの本の前半部の校正刷りを点検したときのことを、よく覚えている。ケインズ氏は、そうした無邪気な楽しみから、突然友人のバイクのサイドカーに乗せられて、ロンドンのその筋の人々にモラトリアムと外国為替取引についての助言を与えるために、連れ去られてしまった。ラッセル氏は、(外国為替と同様に)ショックを受け、それ以来そのショックから完全に立ち直ることはなかった。彼は、諸々の論理学の本が、「人間は理性的な動物である」ということを繰り返し言明することによって、自分を欺いていたことを知ったのである。そして、この本の出版は今年までもちこされたのである。[25]

ところが、その後のケインズの著作活動を見てみると、実際にはこの著書のテーマである蓋然性の問題や、その認識についての哲学的反省という課題は、彼の知的営みの視野からまったく消えてしまったというわけではなかった。むしろ、ある意味では驚くべきことに、これらの課題は、彼の多彩な活動と経済理論の大成という軌跡のなかで生きつづけ、しかも最終的に、『確率論』が立脚した立場にたいする大幅な修正という姿をとって、彼の主著である『一般理論』のなかに再び顔を見せることになった。彼はその『確率論』を、あとにつづく哲学徒たちへの置き土産としたのではなくて、結果的に自己批判と方向転換というかたちをとりながら、その問題意識を引きつづき保持することになったのである。

この、『確率論』以降のケインズの哲学的な「自己批判」を明瞭に示すテキストは、基本的に二つある。一つは、この書物にたいするラムジーの全面的な批判にたいして、彼がその五年後に、ラムジーの突然の死を悼みつつ、この批判に答えようとした文章「哲学者としてのラムジー」である(それは、『確率論』の出版から数えれば、一〇年後にあたる)。もう一つは、『一般理論』出版の二年後に執筆した「若き日の信条」である(われわれはすでにこのテキストによって、大学時代のケインズによるムーアの評価をかいま見たのであるが、このテキストの主たる眼目は、実際には、そこで取りあげられた大学時代のムーア主義を批判的に回顧することにあった）。

われわれはこれら二つのテキストによって、ケインズが、ラムジーによる自説にたいする批判と、その回避のために示された、独創的かつ徹底した方向を目のあたりにすることによって、かえって自分が模索していた問題を捉えなおし、その結果として初期のムーア主義を克服して、新しい思想の方向を前面に押しだそうとしているようすを確かめることができる。

まず、ラムジーにたいする返答のほうであるが、これは後輩の突然の死を悼んで『ニュー・ステーツマン・アンド・ネーション』に発表されたあと、『人物評伝』に収録された。彼はそこでラムジーの業績を高く称え、自分の理論の欠陥についての指摘を素直に受け入れる一方で、同時にラムジー自身の解決については疑問を呈し、それがなお問題の根本にまで届いていない、という判断を示した。

ラムジーによるケインズ批判は、一九二六年にケンブリッジの「モラル・サイエンス・クラブ」で口頭発表されたもので、「真理と確率」という表題をつけられている。彼はこの論文で、ケインズの『確率論』がラッセルの論理学を拡張することによって、確率判断と帰納法の正当化とを同時に行おうとした点を批判した。そして、確率判断のほうは行為選択にかんする形式的体系（「整合性の論理」）として公理化できるのにたいして、帰納法のほうは、記憶や知覚と同様の人間の生存のための能力（「人間の論理」）として、進化論的な説明ができるだけである、という議論を展開した。

ラムジーがこのような議論を展開した背景には、ケインズの確率解釈が誤った認識論を採用し、その結果として不整合な立場に追いこまれている、という認識があった。ここで、ケインズが誤った認識論に立っているというのは、われわれは命題同士のあいだの推論関係にかんして、確実性の度合を「直観的に知覚する」ことなどない、ということであり、この指摘はすでに、ウィトゲンシュタインが『論理哲学論考』でラッセルの演繹的推論の解釈を批判したさいに提出していた論点である。また、ケインズの確率論が不整合であるというのは、この直観的に自明な確率関係が同時に人間の知識の種類に依存した、ある面では相対的なものであるというのは、客観性と相対性をともに容認する混乱した立場だ、ということである。このことはつまり、ケインズが初期の論考からひきついだ困難が、『確率論』においても克服されていないという指摘にほかならないのである。

これにたいして、ラムジー自身は、ケインズの推論関係としての確率関係という根本概念（さきのテーゼ(2)(3)）を全面的に廃棄して、これに代わるものとして、個々人がある個別的な命題にたいして確信する度合、あるいはそれが真であることに「賭ける」度合としての確率、という新しい概念を提出した。彼はこの度合が、その個人の欲求（選好）の尺度と組み合わされることによって、行為のための意思決定の論理を構成することを、形式的に厳密なしかたで示した。さらに、この形式的制約を破ることがいかに「不利」なものであるかを証明して（いわゆる「ダッチ・ブックの定理」）、人間の合理性の根本的な条件というものを示すことができた。この理論は、その後のフォン・ノイマンやサヴェッジらのいわゆる「ゲーム理論」や「意思決定理論」の先駆的な試みとして、現代において非常に重視されている理論である(26)。

さて、この試みは、われわれがこれまで見てきたケインズの問題関心に照らしていうと、まさに直観的思考の客観性と個人性という対立する性格のうちの、その個人的で主観的な性格のほうを正面から容認して、もう一方の個人同士の差を超えた合理的判断にかんする合意の可能性のほうは放棄した、ということを意味する。いいかえれば、ラムジーはただ、個人内部での形式的整合性と有用性だけにもとづいた不合理性の批判の可能性を残したわけである。そして、ケインズがラムジーの批判の強力さを認めつつ、それに全面的に賛成しえないと考えたのは、この合理性と個人的整合性の等置ということである。

ケインズのこの応答は、本書の「序」で取り上げた、ブレイスウェイトによるケインズの追悼文のなかに一節が引用されており、またそのウィトゲンシュタインについてのコメントが前章で引用されているので、われわれはそれをすでに何度か見ているのであるが、ここでもう一度もう少し長く引用しておくと、次のように書かれている。

ラムジーは、私の提出した見解に反対して、確率は命題のあいだの客観的関係にかかわるのではなく、信念の度合にかかわるものであることを主張し、そして彼は、確率の計算は単に、われわれの抱く確信の度合の体系が整合的な体系となることを保証するための諸規則の集まりに帰着する、ということを明らかにすることに成功している。かくして、確率計算は形式論理に属し、……われわれの信念の度合の源のほうは、おそらく自然淘汰によって与えられた、われわれの人間的装備の一部ということになる。私はここまではラムジーに承服する――私はラムジーが正しいと考える。けれども、「合理的な」信念の度合と信念一般とを区別しようとした議論においては、彼はいまだ成功してはいないと思われる。というのも、単にそれが有用な知的習慣であるというだけでは、帰納法の原理の根底にまで達するとはいえないからである。とはいえ、「人間的」論理学を、一方では形式論理学から、他方では記述心理学から区別しようと試みることによって、ラムジーはおそらく、そこまでいけば形式論理学が十分に整序されて、それの非常に限られた範囲が適切に決定されるような、次の研究分野へと進もうとしていたのであろう。(27)

ケインズはこのように、ラムジーの批判を受けいれて、『確率論』の論理主義的な確率解釈が廃棄されるべきであることを承認している。しかし、それと同時に、ラムジーの「ダッチ・ブックの定理」による個人の合理的信念の正当化は、それが形式論理学と記述心理学という二者択一を超えようとしている点では正しいが、結果的に個人における有用性の追究に還元されてしまうために、誤りであると考えている。ここでいう、形式論理学と記述心理学の対立とは、ウィトゲンシュタインの『論考』の立場をさしており、ケインズはこれを、「無味乾燥の骨組みか、神がかりのナンセンスか」の二者択一とも呼んでいた。ラムジーはこの対立を超えようとしていたが、それは有用性に依拠する個人主義的プラグマティズムの提唱にとどまってしまった、というのがこのテキストの結論である。(28)

それでは、この批判においてケインズがラムジーをさらに乗りこえて目ざそうとしている立場は、どのようなものなのか。いいかえれば、信念の合理性のメルクマールを単なる個人的な整合性と有用性と(この二つはラムジーでは不可分に結びついている)に還元せず、しかも形式的な論理性にも訴えないという思想は、いかなる考えかたなのか。このことを、別の角度から示唆しているのは、二番目の、「若き日の信条」のほうである。

さて、「若き日の信条」は、直接にはケインズの友人であったガーネットによる小説家D・H・ローレンスとの交渉の回想にたいする返答として書かれた、一篇の回想録である。彼自身も小説家であったガーネットは、ローレンスがケインズをはじめとする一九一〇年代のブルームズベリーの友人たちにたいして、非常に強い嫌悪感を表明したために、ローレンスと絶交することになった、というエピソードを一つの回想として語った。これにたいしてこの回想をガーネットから示されたケインズ自身は、ローレンスの嫌悪にも正当な理由があったかもしれない、というかたちで、むしろ当時のブルームズベリー・グループの思想に批判を加える作業を行った。

この論文はしたがって、ローレンスとブルームズベリー・グループとの関係をめぐる文化思想的論争の記録としても、重要性をもっていることはまちがいない。そして、ケインズがこの論文において彼とそのグループの思想、とくにその核となったムーアの『プリンキピア』の受容にたいして、強い批判的な調子をこめて語っていることにも、疑いはない。ただ、その自己批判の文体は、レトリックの多いケインズの作品のなかでもとりわけ入り組んでいて、さらに、社会文化的思想と認識論的問題が同時に論じられてもいるために、その文章全体の真意はどこにあるのかが、きわめて分かりにくくなっている。そのために、ケインズをめぐる多くの論考のなかで、この文章についてのさまざまな解釈が出されることになったのは自然なことである(29)。

とはいえ、この回想録が全体としていかなる解釈の幅を許すものであるとしても、その哲学的な議論の部分が、(ケインズらによる解釈のもとでの)ムーアの思想の批判にある点は変わらない。このことは、ケインズの哲学グループに属したラッセルとブレイスウェイトとが、ともにそれを額面どおりに初期ムーア思想の批判と受けとっていることから見ても、明らかである(ムーア自身は、この回想をめぐって沈黙を守った)[30]。ケインズはこの文章の冒頭で、自分が若い時代に経験した「数々の精神的な冒険を紹介し、その無垢の精神に与えた主要な影響のいくつかを回顧することに努め、その精神がどのように変貌したかを考えてみたい」と断わったうえで、その影響の核心が「ムーアの宗教」すなわち「理想的なもの」の理論であったことを強調し、この「宗教」あるいは「信念」が、「人間本性についてのいつわりの合理説(pseudo-rational view of human nature)」にほかならなかったと、はっきり書いているのである[31]。

さて、この回想録は一九三八年に書かれたが、それが実際に公刊されたのは、ケインズの遺志によって彼の死後のことになった。これを読んだブレイスウェイトは、非常な衝撃を受けたことを告白している。

私はこれまで何の限定もつけずに、ケインズの倫理学が本質的に『プリンキピア』のそれであると考え、彼をもっとも「人間味あふれる功利主義者」と呼んできた。それゆえ、ケインズの回想録「若き日の信条」が一九四九年に遺稿として出版されたとき、私はそれを大きな驚きをもって読んだ[32]。

ここでブレイスウェイトが、ケインズをもっとも人間味をもった功利主義者と呼んだといっているのは、まさしくわれわれが本書の冒頭で見た、彼のケインズ追悼文である。したがって、彼はその文章の発表一年後に、そのケインズ解釈を何らかのしかたで修正するか、あるいは、「若き日の信条」におけるケインズの自己批判に強い限定を付け加えなければならなくなったことになる。彼はそこで、後者の途をとり、この回想録をあらまし次のように読むことを提案している。

ケインズは当初よりムーアの「道徳」、つまり帰結主義的倫理説を採用しなかったといっているが、この点は『平和の経済的帰結』や『チャーチル氏の経済的帰結』という彼の著名な著作を見ても、にわかには信じがたい。そこで、彼のムーアにたいする批判の理由を詳しく検討する必要があるが、その結果判明することは、ケインズがそもそも、ムーアのメタ倫理的主張には、まったく興味をもたなかったこと、また、ムーアの帰結主義的倫理学については、それがシジウィックの理論にすでに通暁していた彼の眼に、格別新鮮なものとは映らなかったということが分かる。そのために彼は、とくに「理想的なもの」の理論だけを重視したのであるが、この理論には「人間の本性は理性的である」という前提が含まれていた。しかし、彼はその後の経験を通じて、「人間本性の、自然発生的な非合理的な発現のあるもののなかには、われわれの図式化が切り捨てたある種の価値が見出される」ことを知ることになった。したがって、歴史の経過のなかで変化したのは、ケインズの人間についての心理学的信念であって、彼の根本的な倫理的信念ではなかった――。

さて、このブレイスウェイトの解釈は、ケインズの功利主義的倫理説にたいする複雑な感情の由来にかんして、さまざまな興味ぶかい点を含んでおり、また、ローレンスへの共感の理由の説明においても、一定の説得力をもっている。しかし、その解釈の全体の方向性においては、大きな誤りを犯していると思われる。というのも、われわれが見てきた『確率論』におけるケインズの直観主義的認識論や、それ以前の初期論考からも明らかなように、ブレイスウェイトがいうのとは反対に、ケインズはムーアの概念実在論を積極的に承認し、反対に、帰結主義については初めからあからさまに懐疑を表明していたか

らである。(33)

ところで、ブレイスウェイトがこのような解釈上のかたよりを見せているということは、実は、この論文でケインズが示唆しようとしている方向を、逆に浮きぼりにするという重要な意味をもっている。というのも、直観主義の代わりに行動主義的認識論を採用し、それによって帰結主義の新しい形態を意思決定理論やゲーム理論というかたちで構築しようとしたのは、ほかならぬラムジーとブレイスウェイト自身なのであり、その彼らに盲点になっているものこそが、ケインズがここで模索しようとしているものであるからである。(34)

ケインズはそれでは、初期ムーアの何を批判しようとし、どこへ向かおうとしていたのか。この点をここでは、次のようなテキストによって示してみよう。

われわれは全員が、精神の善なる状態とは何かについて確信をもっており、それが愛と美と真に与った対象との合一に存すると確信していた。私はこの信仰を、宗教と呼んだが、それはまちがいなく新プラトン主義とある種の関係にあった。……しかし、われわれはこれらの信仰すべてを、本質的に合理的で科学的な性質のものであるとみなした。それは、科学の他の分野と同じく、感覚与件として提示される質料に、論理学と合理的分析を適用することにすぎなかった。……これらのことはすべて、ムーアの方法論の影響によるものであった。それによれば、本質的にあいまいな概念であっても、それについての正確な言語を使用し、厳密な問いを発することによって、それを明晰なものにできるのである。つまりそれは、完全無欠な文法と両義性をまったく含まない辞書という道具を用いた、発見の方法であった。……そこでわれわれは、誰でも正確な問いを問うことができさえすれば、その答えを知りうるという確信をもっていたのである。……要するにわれわれは、〔人間の本性が合理的であるというこの見解を採用することによって〕、原罪説、すなわち、ほとんどの人間には狂気じみた非合理的な邪悪さの根源があるという考えについて、そのいかなる変種についても否認した。われわれは文明というものが、ごく少数の人々の人格と意志とによってうちたてられて、巧みに人々の精神に刻みこまれ、巧妙に保持されてきた、規則と規約(rules and conventions)によってのみ存続しうる、薄い頼りにならない外皮であることに、気づいていなかった。われわれは、伝統の知恵や慣習のもつ拘束力(restraints of custom)をまったく尊敬していなかった。ローレンスが気づき、ルートウィッヒ〔ウィトゲンシュタイン〕がしばしば正当にも指摘したように、われわれは何にたいしても、誰にたいしても、畏敬の念をもっていなかった。生活に秩序をもたらすために先人たちが成しとげた驚くべき成果や、その秩序を保護するために案出した精巧な枠組みを尊敬することなど、われわれには思いもよらなかった。[35]

さて、右の文章でケインズは、ムーアに見られた、究極的な善についての理解が「科学的で合理的なものである」という思想が、「新プラトン主義」的な宗教的信仰にちかいものであったと述べているが、このことはこれまでにたびたび確認されてきたことである。この文章で目新しい点はむしろ、この普遍的な合理性への信仰が、「完全無欠な文法と両義性のない辞書」という理想的な分析の道具の存在への信頼と結びついていたが、そのようなものの存在の根拠はどこにもなく、あるのは、文明の合理性を支える「規則と規約」あるいは「慣習」だけである、という指摘である。

完全無欠な文法にしたがった明晰な言語から、社会的な規則と規約の拘束力だけにもとづき、究極的な厳密さを問うことのできない言語へ——。いうまでもなくこの言語観の転換は、ウィトゲンシュタインにおける『論理哲学論考』から『哲学探究』にいたる過程のなかで生じた、「言語画像説」から「言語ゲーム論」への転換をさしている。したがって、右の文章は、ケインズがそのムーア主義の克服を、ラムジーやブレイスウェイトのような個人主義、主観主義の方向とは逆に、「言語ゲーム論」にパラレルな、共同体的合理性の立場のほうへと向かうことで、成しとげようとしていることを示している。いいかえれば、彼は、『確率論』における直観的論理主義と相対主義のあいまいな併存から、後者を軸にした判断論へと向かいつつ、暗黙的な規約にもとづく相互批判の余地を残した認識論を目ざしているということになる。[36]

しかし、そのような方向転換は具体的には、彼の『確率論』の蓋然性の哲学をどのように変貌させることを意味するのか。そしてそれは、人間の合理性の追究の可能性を、どの程度まで認める立場をとることを意味するのか。このことを知るためにわれわれは、彼の最終的な理論的到達点である『一般理論』の、人間本性にかんする認識論的考察を検討してみなければならない。

4　『一般理論』の哲学

経済学者や政治哲学者の思想は、それが正しい場合にも誤っている場合にも、その影響はふつうに了解されている以上に強力である。実際、世界はそれ以外のものによってはほとんど支配されることがない。……もちろん、思想の浸食ということはただちに生じるということはなく、一定の間隔をおいたのちに現われる。というのも、経済哲学や政治哲学の分野にかんしては、二五歳か三〇歳以降になって新しい理論に影響されるという人はけっして多くはなく、官僚や政治家、あるいは扇動家でさえも、現在の出来事に応用しているその思想が、最新のものであるという可能性は少ないからである。それでもしかし、良きにつけ悪しきにつけ危険であるのは、結局のところ、既得権益ではなくて思想である[37]——。

『一般理論』の末尾、「一般理論が導くであろう社会哲学についての総括的覚書」は、右のような言葉で結ばれている。ケインズは自分の構築した『一般理論』の経済理論が、新しい社会哲学思想を含んでおり、それが、やがて人々の「政治と感情と情念とに同化され混合されたとき、行動や活動にたいする影響としていかなる最終的な帰結をもたらすのか、私自身も予測できないような」(バーナード・ショーへの書簡)[38]革命性をもった、「危険」なものであるという自負をもっていた。

それでは、『一般理論』の革命的な思想とは、何をさすのであろうか。われわれは、本章のこれまでの叙述をつうじて、ケインズの初期論考から『確率論』の認識論、そして「若き日の信条」における自己批判的コメントを追ってきた。このジグザグとした哲学的反省の軌跡が辿りついた「社会哲学」とはどのようなものであり、その革新性とは一体いかなるものを言うのだろうか。

『一般理論』というケインズの主著が、その経済理論としての包括性、一般性の強調にもかかわらず、実際にはきわめてアモルファスな、とらえどころのない書物であることは、しばしば指摘されることである。ケインズ自身その序文で繰り返し強調しているように、この本は中立的な観点を装った冷静な分析であるよりも、それまでの伝統的な経済理論の根本前提にたいする挑戦的な批判という目標をもっている。そのために、個々の議論には論戦のためのさまざまなテクニックが駆使されており、論旨が見えにくくなっている。また、現実の経済現象への言及と形式的な説明とが自由に混在していることも、この本を理解しにくくさせている一因であろう。

とはいえ、この理論において展開されている、マクロ的な経済分析の骨格は明白である。というのも、著者自身が一章を割いて、この一般理論の「総括」をおこなっているからである(一八章「雇用の一般理論再説」)。その説明によれば、この理論の示す経済システムのモデルは次のようになる。

ある経済体系において区別されるべきなのは、「所与」としての現実的条件と、「独立変数」と「従属変数」という可変的な部分の、三つの要素である。そして理論の分析の要点は、独立変数から従属変数の導出のモデルを作ることである。所与には、その社会における労働力の量や質、技術や資源の量や質、生産の管理と分配にかんする権力構造のありかたなどが含まれる。導出されるべき従属変数は、その社会全体の雇用量と国民所得である。そしてこれらを決定する独立変数は、一義的には、消費性向、資本の限界効率表、および利子率であるが、後者の二つは、さらに所与の条件や資本の予想収益や流動性選好、貨幣量などに分析しなおせる。

したがって、われわれはしばしば、究極の独立変数が、次のものからなるとみなすことができる。

(1)三つの基本的な心理的要素、すなわち、心理的消費性向、流動性にたいする心理的態度、資本資産から将来生じるとされる収益についての心理的期待、(2)雇用者と被雇用者のあいだの取り引きで決定される賃金単位、(3)中央銀行の行動によって決定される貨幣量。[39]

『一般理論』が構築する経済体系では、このように三つの要素が独立変数として機能する。そして、その値に応じて雇用量と国民所得とが決定されるわけであるから、われわれはこの変数を調整することによって、雇用や国民所得にかんする見通しを変化させることができることになる。そして、これら三つの要素と行政府との関係を非常に単純化していえば、政府が直接に介入権をもつのは(3)であり、(2)についてはは行政的な指導が、そして(1)についてはは適切な理解をもつことが求められるということになる。とくに、(1)の要素が国民の実際の貨幣の支出のしかたを根本的に決定し、それによって有効な需要を裏づけることになり、それがひいては新たな所得と雇用とを生みだすことになるのであるから(これが、ケインズのいう「有効需要の原理」である)、『一般理論』の描きだす経済システム、およびそれに依拠した経済政策にとって、この「心理的諸要素」の分析は決定的に重要な役割をもつということが分かる。

さて、個人における判断と、その個人が属する社会の規約とのかかわりが論じられるのは、まさにこの人間の心理的要素の解釈においてである。この心理的要素を構成する三つの単位についての主張も、ごく簡単に要約すると、次のようになる。(以下、分析の焦点は、消費や投資などの経済的活動に絞られているが、われわれの主たる関心は、あくまでも認識論的メカニズムのほうにある。)

心理的消費性向——個人や法人の消費性向は当然のことながらその所得によって決定される。しかし、所得の増加の割合と消費の増加の割合の比率(限界消費性向)は、一にみたない。というのも、消費においては、賃金単位の変化や、将来における財の価値の低減などの客観的要素と、用心や向上心などのさまざまな主観的要素が考慮されるからである。社会全体の所得はこの消費によって決定されるので、その増加の関数は限界消費性向を乗数とする無限級数によって与えられることになる。

流動性にたいする心理的態度——富の流動性とはそれがいつでも他の財に交換可能であることであり、したがって通常現金がもっとも流動性が高い。われわれが所得を貯蓄や債券への投資として使用するとき、それは将来の利子所得の期待であると同時に、流動性の放棄ということを意味する。それゆえ、利子率とは流動性を手放すことへの報酬であり、別のいい方をすれば、現金の所有者が自分の流動性を手放すことを欲しない度合を示す尺度である。このような流動性への選好が存在する理由は、利子率の将来についての不確実性にある。そして、この不確実性が予想される主な理由は、将来の貨幣量が予測できず、また、投資家各人の投機の動機が一様ではないと考えられるからである。

資本の将来収益についての心理的期待——法人が資金を借り入れてそれを設備投資する場合、借入資金の利子率と投資の期待収益率が均衡するところで、投資の規模が決定されるように思われる。しかし、さまざまな外的要因によって、この期待収益環境は変化し、期待収益率の「スケジュール」も変動する。ここからいわゆる景気循環が生じることになるが、いずれにしてもこのようなスケジュールの変動を念頭におくと、資本の投資家は数学的期待値によって投資の長期的期待を算定することができない。というよりも、「たとえ投機による不安定性を別にしても、われわれの積極的な活動のほとんどは数学的期待値よりも自生的なオプティミズムにもとづくという、人間本性の特徴に由来する不安定性が存在する。

……われわれが、その帰結の全体が遠い将来になってはじめて分かるような、何らかの積極的な行為を行おうと決意する場合、おそらくその大部分は、量的利益に量的確率をかけたものの加重平均によるのではなく、アニマル・スピリッツ、つまり不活動よりも活動へと向かう自生的な衝動に動かされて、そうするのである(40)」――。

さて、以上の三つの心理的要素の分析は、いずれも人間の将来におけるさまざまな不確定要素にたいする顧慮にもとづいた、行為選択の解釈となっているわけであるが、その共通の主張は、われわれの将来への態度決定が、予測される可能な蓋然性同士の比較という、形式的、論理的な根拠をまったくもたずになされているということである。すなわち、まえもって列挙できる可能性の幅が何も与えられていない「不確実性」を前にして、われわれは自分自分が合理的であると信じる選択をおこなっている、というのである(41)。

それでは、そのような論理的根拠が与えられていない場面で、われわれはいかにしてその合理性の保証を(少なくとも心理的には)確保できるのだろうか。いいかえれば、このような行為選択はいかにして可能なのか。いかなる行為選択もそれが意識的な行為であるかぎり、その選択の根拠はどこかに見出されていなければならないのであるから、「不確実性を前提にした行為選択はいかにして可能なのか」という認識論的問題は、たとえ数学的、論理的に無動機な行為にかんしても、当然生じるはずである。そして、ケインズが「規約」にもとづいた個人的判断という視点を導入するのは、まさにこの認識論的問題にたいしてなのである。

たとえば、二番目の、流動性にたいする態度が決定する利子率について、ケインズは次のように説明しなおしている。

おそらく、利子率は高度に心理的な現象であるというよりも、高度に規約的な現象であるといったほうが、より正確ということになろう。なぜなら、その実際の値は、その値がどうなると期待されているのかということについての、広く流布している見方によって大部分支配されているからである[42]。

また、アニマル・スピリッツに動かされるとされた三番目の投資心理も、その現実の決定は、投資市場という組織化された共同体において維持されている規約との参照のもとでおこなわれる。「実際にはわれわれは例外なく、真実は一つの規約にすぎないものに頼るということに、暗黙の形で合意してしまっている。この規約の本質は——もちろん、それほど単純にそれが機能するというわけではないが——、われわれが変化を期待するにたりる特定の理由がないかぎり、現在の事態が無際限につづくであろう、と想定するところにある[43]」。

ここで注目されているのは、個人の流動性への態度決定であれ、あるいは資本の投資家であれ、その将来を見越した行為の決定は、その主体が属する共同体に共有された将来への態度を仮に想定したうえで、それとの参照のもとで自らの個別的条件を勘案しつつ判断がなされるが、そのことが同時にまた、そうした共通の態度そのものを新たに構成しているという、判断と規約とのあいだの相互形成的でダイナミックな関係である。つまり、個々の判断者は自分が属する共同体の「平均的な期待(average expectation)」というものを想定し、それによって自らを一定の「信頼状態(the state of confidence)」においたうえで、自分の状況の特殊性や知識におうじて個々の判断をくだすのであるが、同時にその主体は誰もがそうした判断をおこなっていることを承知しているのであるから、この平均的期待というものが、一種のフィクションであることを認めざるをえない。そこで、このようなフィクション的な平均的期待が成立するためにも、「特定の理由がないかぎり、現在の事態が無際限につづくであろう」という根本的な規約が、個々の判断にさきだってすでに成立しているとみなさざるをえないのである。[44]

ケインズがこの平均的期待のフィクション的な本性を明らかにするためにもちだすのは、「美人コンクール」という一見ありふれた、しかしよく考えてみると、なかなか複雑で不可思議なゲームである。

投資の専門家たちがおこなう行為は、投票者が百枚の写真のなかからもっとも美しい六人の顔を選びだし、その選択が投票者全員の平均的な好みにもっとも近かった者に賞金が与えられる、という新聞の美人コンクールにたとえることができるであろう。この場合、個々の投票者は、自分がもっとも美しいと思う顔を選ぶのではなくて、他の投票者の憧れにもっとも合致すると思う顔を選択しなければならず、しかも投票者は誰もがこうした観点から問題を捉えるのである。ここで問われているのは、自分の最善の判断に照らしてどの顔が真実もっとも美しいかではないし、また、平均的な意見がもっとも美しいと真に考える顔を選びだすということでさえない。われわれが解くのは、平均的意見は何が平均的意見となると期待しているのか、という問いであり、それを予測するために知恵をしぼるとすれば、われわれはすでに三次元のレベルで考えているのである。そして私は、何人かの人々は、さらに四次元、五次元、あるいはそれ以上の次元で考えていると信じている。[45]

ところで、経済現象を構成する個々の判断が、このような平均的期待についての平均的期待への参照という二重に反省的な論理をもつとすれば、そこにたとえ「現在の事態が無際限につづく」という根本的な規約を奉じるという暗黙の合意が存在していたとしても、なお予測をこえた極端な事態が生じないとはかぎらない。というのも、予想収益にたいして影響をもつ「外的要因」についての何らかの信念の相違が生じれば、本来群集心理的な性格をもつその信念の根拠となっている規約そのものの存立が怪しくなり、さまざまな期待も構成しえなくなるおそれがあるからである。

こうして、市場それ自体が「流動的」となり、その投機の渦巻のなかで企業が「泡沫(バブル)」となることも、けっしてまれではないことになる。それは、「われわれがいわゆる「流動性」を主眼として投資市場を組織したことのほとんど不可避的な結果[46]」である。すなわち、「企業がおもにそれを興した人々とその友人、協力者によって所有されていた古い時代には、投資は、一つの生の形式(a way of life)として事業に乗りだそうとする血気にみちた人々が数多く存在したという事実に依存していて、事業はいわば富くじのようなものであった」。しかし、現在では、「所有と経営が分離し、また組織化された投資市場が発達することによって、ときには投資を促進し、ときには経済体系の不安定性を極度に高める、非常に新しい要素が導入されている[47]」。したがって、市場の流動化は、一方ではまったくの偶然と冒険によらない、より冷静な計算の可能性を提供するとともに、他方では市場全体の混乱の可能性をつねにはらむという、二面的な帰結をもたらすことになったのである――。

さて、市場の動向と個人の判断の連関のメカニズムを、基本的に以上のようなしかたで理解するとすると、このような状況のもとでの個々の人間の判断は結局のところ、あまりにも不安定なものとして描かれているということになる。というのも、われわれの規約にもとづく判断が、右に分析されたように何重かの反省的構造をもった不確定なものであり、また、規約そのものが明示的に合意された、制約力のないものであるとすれば、われわれの判断はいずれも、それが合理的であるかどうかを判断するための最終的な根拠をもたない、ということになるからである。

いいかえれば、われわれがいかに規約にもとづく判断を重視し、同時に個人的な条件を加味して考えたとしても、その合理性の根拠を明示し、それによって客観性を主張することは、かなわぬ望みだということになる。このことは、伝統的な認識論の視点にたてば、われわれは合理的な判断の根拠を見出すことができない、ということを意味していることになる。そしてそれは、人間の精神作用の論理的なモデルを構築することによって、科学的認識の基礎を与えようとした、ケインズの若き時代の理論的目標にとっても、大きな敗北を意味するはずである。

しかしながら、『一般理論』におけるケインズはもはや、われわれのこのようないわば根拠なき合理性の追究を、根本的に欠陥をもったものとしては捉えていない。むしろ彼はここでは、われわれの判断が規約の束のなかで発動し、その判断の交換される市場が不安定性をかかえたまま機能していることを、一つの「歴史的事実」として了解し、それを「われわれの生の形式」としてそのまま認める視点をとっている。ケインズの描きだす社会を一言でいえば、一方では、投資市場における「弱気筋」の売りと「強気筋」の買いとが交差するなかで市場そのものが流動的に推移し、他方では、こうした心理的期待とは相対的に独立なしかたで生産・消費にかかわる需給関係が成立し、これら二つの態度の束が複雑にからまって、われわれの経済活動全体が構成されている。そこには単一の合理性の尺度は見出せず、また共通の活動目標が示されているわけでもない[48]。

さて、個々の人間はその了解する規約にもとづいて判断し、同時に共同体の平均的な判断の動向を予測しつつ行動するが、その行動の全体がまた、より広い歴史的な地平のなかで新たな生の形式を形作っていくということ――これは、まさに後期ウィトゲンシュタインの「言語ゲーム」理論の、経済版ともいうべき判断論、あるいは行為論にほかならない。すでに見たように、『一般理論』の成立と前後する時期のウィトゲンシュタインは、その前期の「言語画像論」、すなわち、「永遠の相のもとで」個々の事実を描出する「私だけの」言語という理論を放棄して、生の形式を共有する共同体のもとで、個々の発話者が個別的な言語ゲームに参加し、その実践においてたがいに批判しあい、教育しあって、ゲームの規則そのものを変化させていく、という新たな思想を構築しつつあった。彼は数学的判断でさえも、こうした言語ゲームへの参加と実践にほかならない、という哲学を展開した[49]。

『一般理論』のケインズの判断論もまた、このような、「生の形式―規約―個人の判断」の相互連関の記述をもって、その合理性の根拠づけという伝統的な企てにかかわる途を選んだことになる。そこでは、合理性は個別的判断や個人的な判断主体の論理的整合性に帰属されるべき価値ではない。むしろ、そうした個々の判断が依拠する規約や規則の運用について、その健全性が社会に内属したしかたで問われうるし、また問われるべきだ、というのがこの認識論の要点である――。

それゆえ、ケインズが最終的にたどりついた思想は、それを認識論的観点から特徴づけるならば、規約主義であり同時に共同体的プラグマティズムと呼ぶべきものであった。この思想を、彼の初期の直観主義ならびに論理主義と比べるならば、そのコントラストは明瞭である。少なくとも、彼自身がその出発点において採用していたプラトン主義的前提を考慮するならば、ケインズ自身のパースペクティヴのなかで、こうした理論のもつ「革命性」が強く意識されたとしても不思議ではない。また、彼自身にとってこの思想が現実の「政治や情念と混合されたとき」、その「影響が予見しがたい」のも、ある意味では当然である。過去三百年間の確率論の著作を網羅した『確率論』の文献表のなかにも、このような立場を採用していたものはなく、それはまさにわれわれの世紀の思想であったからである。

ところで、ここでもう一度、本章のはじめにケインズの初期論考を概観したさいに、その問題意識として列挙しておいた点を思いおこしてみよう。われわれはその問題意識を、(1)科学一般の哲学的予備学としての、確率論の整備、(2)人間精神についての一般理論の構築、(3)精神活動の一般性と個別性の関係の理解、というふうにまとめておいた。このような解釈に照らしてみると、『一般理論』の哲学は、主として(2)と(3)の問題に、一つの解答を与えたことになる。とくに、これまで見てきたところによれば、ケインズの認識論の軌跡は、彼自身の当初の意図がいかなるものであったとしても、結果的には、(3)の、個人的判断と一般的、普遍的認識との関係の問題をつまずきの石として、それにたいする(共同体的プラグマティズムという形での)克服の軌跡ということになるであろう。

それは彼が属し、そのなかで思想をきたえたケンブリッジの哲学理論の展開の過程で生じた大きなターニング・ポイントに連動するものであり、しかも彼はこの革新を、哲学研究者から経済学者へと脱皮、変身する永い過程のなかで、独自なしかたで成しとげたのである。

それでは、残されたもう一つの問題である、(1)の、科学の基礎づけという問題のほうはどうなったのであろうか。彼は論理主義的認識論を放棄し、規約主義的、共同体的認識論を採用することによって、合理性の根本的基礎づけという伝統的なプログラムを離れたわけであるが、そのことは同時に、科学的推論にたいする哲学的反省という主題そのものを放棄することになったのであろうか。そうであるとすれば、ムーアの『プリンキピア』という出発点からの離脱は、さらに大きな断絶という性格をもつことになるだろう。

しかし、たとえ経済現象という限定された精神活動であっても、その一般的特性の理論的モデルを構築するためには、方法論的な反省は不可欠であることには変わりがない。ちょうど形而上学や「行動にかんする倫理」のための予備学として確率論が考えられたように、規約を基礎にした将来の不確実性への態度を分析する経済学にかんしても、その分析のもつ科学性についての解釈は何らかのしかたで与えられなければならない。

はたして、伝統的な意味での認識論を放棄する共同体的プラグマティズムや「言語ゲーム論」にも、科学的推論にたいするメタ理論的反省の余地を確保することができるのかどうか。この問題は、単に現代の哲学上の難問であるばかりではなく、ケインズの社会理論にとってもきわめて重要である。というのも、彼にとって「文明」が、「少数の人々の人格と努力によって保持される、規則と規約によってのみ」存続するのであれば、規約が生みだす共同体的「根拠なき」合理性の世界においても、一種の反省的な観点の余地が確保されていなければならないからである(そうでなければ、そもそも社会内在的な批判はありえないであろう)(50)。

それでは、『確率論』の後半に述べられた科学論のほうはいかなるものであったのか。そして、そのゆくえはどうなったのか。この点を考察するために、ここで思いきって視点を変えて、科学方法論者としてのケインズのほうに眼を転じてみよう。われわれはまず、その予備的考察として、『確率論』後半に見られる、科学方法論をめぐる彼の歴史的分析からアプローチすることにする。

第Ⅱ部　古典的哲学者とともに

第三章　科学方法論をめぐる歴史的考察

1　「帰納法についてのいくつかの歴史的覚書」

「科学方法論」という研究分野は、ひろい意味では、科学におけるさまざまな概念や推論の論理的・存在論的・認識論的な分析一般をさすものであり、たとえば競合する理論間の選択の基準から、法則的説明の種類、あるいは法則と仮説の区別や実験の役割などまで、およそ科学のあらゆる側面を扱うものである。このひろい意味では、たとえばデカルトの『方法序説』やガリレイの『新科学対話』などが、古典的な科学方法論の代表的な著作ということになる。しかし、この分野をもう少しせまい意味で解すると、それは経験的な観察からいかにして法則的な一般化を行うかという、いわゆる「帰納法」の論理の分析をさすのがふつうである。

そして、イギリスの思想史においては、とくにこの帰納的推論の分析にかんするきわめて強い関心が、一つの伝統をなしていたことはよく知られているとおりである。すなわち、ベイコンの『ノーヴム・オルガーヌム』から、ヒュームの帰納法にかんする懐疑論、そしてミルの『論理学の体系』にみられるベイコンの理論の改編という大作業までの歴史をもつ伝統は、とりわけイギリスの科学方法論における帰納法、あるいは「帰納主義」への関心を顕著なものにしている。

ケインズはこの帰納法の問題について、生涯一貫して興味を示している。それは、彼の『確率論』の後半全体がこの問題に当てられていることと、『一般理論』の出版後の経済学の方法論をめぐる論争によって、ただちに明らかになることである。しかし、彼の科学方法論上のテキストは、これらの代表的なものにかぎられるわけではない。というのも、ブレイスウェイトもそのケインズ追悼文で触れていた、ヒュームの『人間本性論』の『梗概』の出版や、最晩年のニュートンの人間像についてのエッセイのような、しばしば彼の古書蒐集の趣味の産物とされる作品においても、単に歴史的な記述にとどまらず、つねにこの問題にたち返る姿勢を示しているからである。

ケインズの帰納的推論についての興味とその分析の方向とが、そのおいたちと大学での環境によって、ある程度まであらかじめ決定されたものであったことはまちがいがない。このことは、『確率論』の第二三章「帰納法についてのいくつかの歴史的覚書」における、ケインズ以前の帰納法の方法論的分析の歴史にたいする、全体的な見通しのなかにはっきりと示されている。[1]

彼は、この「覚書」で、「帰納法というこの主題は、ふつうベイコンとヒュームとミルの名前と結びつけられている」としたうえで、これらの帰納法の分析をいずれも誤りであるという議論を展開する。あるいは、これらが不十分であることは、すでによく知られた事実である、という前提から出発し、そうした欠陥の再確認を行う。[2] そして最後に、これらの批判的意識に立った最近の研究として、ヒューウェルとジェヴォンズの名前を挙げて、とくにジェヴォンズが、「部分的にラプラスがすでに考えていた、帰納法と確率の密接な関係を強調することによって、重要な進歩をなしとげた。……彼の『科学の諸原理』ほど、その議論にかんしては浅薄であるが、真理を示唆する点で大なる書物はない」としている。ヒューウェルは本書の始めに触れたように、ケンブリッジのモラル・サイエンスの創始者の一人であり、他方、ジェヴォンズは、「私の父に一八七五年のモラル・サイエンシーズ・トライポスを行ったので、私は彼の名前を、父が経済学者および論理学者の模範と考えていた人としてよく知っていた」(『人物評伝』一三章「ウィリアム・スタンリー・ジェヴォンズ」(3))。

したがって、ケインズにとって人間の認識活動にかんする認識論的基礎理論の師が、ムーアやウィトゲンシュタインであったとすれば、彼にとっての経験科学の方法論的分析という具体的な問題の出発点は、その父ネヴィルとともに師とあおぐ彼らの問題意識にあったのである。

さて、ヒューウェルもジェヴォンズも、ともにヒュームやミルの実証主義的傾向に対抗しようとした理論家である。したがって、ケインズも自然に、これらの傾向に異を唱える立場に与していたことになる。しかし、ケインズはヒューウェルやジェヴォンズの議論が成功したとは考えていない。右の「歴史的覚書」の結論は、「これまでのところ、ヒュームが勝利者であり、それはただディオゲネスやジョンソン博士のやりかたでしか論駁できないのである」となっている。彼自身の抱負は、議論抜きでバークレーの観念論を打ち負かそうとして石を蹴ったジョンソン博士や、禁欲主義の素晴しさを樽のなかの生活で実証してみせたディオゲネスのやり方ではなく、議論によってヒュームの懐疑論を論駁し、それによって実証主義的科学観を克服しようとするところにあった。(ヒューウェルやジェヴォンズが彼らにたとえられるのは、その議論がもっぱら科学史上の事実という実例にたよっていて、論理的に展開されていない、ということである。)

その場合のケインズの方針は、ラプラスによって先鞭をつけられ、ジェヴォンズによって発展させられるはずが失敗した、帰納法と確率との結びつきを重視する、いわゆる「確率主義」の立場をより整備したかたちで展開することである。そのために、彼は『確率論』のなかで、ラプラスについて多くの紙面をさいて論じている。いわば、ラプラスらの確率主義を論理的により整合的にすることが、科学方法論にかんする彼の当初の目標であった。(4) (ヒューウェルの立場は基本的に、ヒュームの懐疑論をカントのような超越論主義によって克服する方向にたっていた。しかし、以下に見るように、ケインズの意見では、カントはヒュームの「不誠実な」書き方に欺かれて、問題を見あやまったのである。)

『確率論』第三部の「帰納法とアナロジー」は、個別的な事象の観察の集合から一つの法則的一般性を導きだす帰納的推論を、多様な現象のうちに何らかの共通のパターンを発見する、「アナロジー(類比関係)」の設定という作業であると解釈する。彼はそこで、このアナロジカルな推論と確率的な判断との関係を説明するとともに、そうしたアナロジカルな推論が妥当性を主張できるための、世界のありかた全般にかんする存在論的了解を、帰納的推論の原理、あるいは根本的仮説としてたてようとする。このような根本的仮説として挙げられる原理は、世界の現象が相互に独立な多様な性質からなり、しかもこの多様性の範囲は有限であるという「有限性の原理」と、これらの有限な多様性は空間時間をつうじて一定していて、融合することはないという「原子的斉一性の仮説」である。

また、第五部の「統計的推論の基礎」は、このような帰納的推論の根本的仮説と、ラプラスらの統計的現象分析の方法に前提される論理との食いちがいを指摘し、後者の論理の誤りを指摘しようとする部分である。彼はこの分析によって、帰納的な推論のより妥当な根拠づけを与えるとともに、そのことが、統計的な帰納法を含む帰納的推論の性格にかんする見方の変換を要請するものと考えた。そこにおいて彼がとくに問題視するのは、ベルヌーイの「大数の法則」を逆に解いて、有限のサンプルから母集合全体の性質を推定するための原理を与えるとされた、ラプラスの「継起の法則」である。

ケインズは、これらの一連の分析によって、帰納的推論の適用範囲が、それ以前に考えられていた以上に、限定された、せまいものであると同時に、その基礎は、これまで以上に確固としたものになりうることを示すことができるのではないかと考えた。『確率論』の結論部は、『人間について』(一八三五)や『モラル・サイエンスとポリティカル・サイエンスにたいする確率論の応用にかんする書簡』(一八四六)で、ヨーロッパにおける統計的推論の社会現象への適用という方法の流布に、もっとも顕著な貢献をしたとされている、ベルギーのケトレを引用しつつ、次のように書かれて終わっている。

確率を論じた多くの教授たちは、自然というものが、黒いボールと白いボールとを固定した割合で含んだ壺に等しいと論じたために、しばしば嘲られたが、この嘲笑は当然のことであった。たとえば、ケトレはたしかにあるところで、贅言を尽くして自説を宣伝しつつ、「われわれが探究するところの壺とは、自然そのもののことである」と言っている。しかし、科学の歴史では、占星術が天文学者たちに有用なこともありうる。それゆえ、ケトレの言葉を逆転して、次のように言うことが、正しいかもしれないのである。すなわち、「われわれが探究する自然とは、一つの壺〔とみなしうるような自然〕である」。(5)

さて、ここで『一般理論』の出版後に展開された、有名な経済学の方法論をめぐる論争の方に、目を転じてみよう。この論争は、オランダの経済学者ヤン・ティンベルヘンの計量経済学にかんする先駆的な研究にたいして、ケインズがその妥当性を認めないという書評を発表するさいに生じたものである。彼はこの書評と同趣旨の意見をまえもって周囲に書きおくり、その意見を求めたロイ・ハロッドへの二通の書簡のなかで、さらに一般的に経済学の方法論的特徴を論じている。(以下本章では、これらの一連のケインズのテキストを、便宜上、「方法論」のテキストと呼ぶことにする。)

計量経済学とは、観測される経済現象のうちに一定の経済関係式を読みこんだうえで、その関係式全体の検証、あるいは個々の係数の推定を行おうとする、経済学の方法の一つである。この方法は、一九三〇年代に登場したものであり、ある意味では、ケインズの創始したマクロ経済学の一つの細密化の方向としても解釈できるものである。しかし、ケインズ自身はこの方法の意義をほとんど認めず、それは科学ではなくて魔術であると断じた。

ティンベルヘン教授ほど、率直で辛抱づよく、主観的偏見から自由になっている人はいない。したがって、人間の能力が許す範囲内で黒魔術をおこなう者がいるとすれば、彼よりも信頼にたりる人はいないであろう。現在の時点で、私がこの魔術に信頼をおくべきであるとか、この統計的な錬金術が科学の一分野として育つであろうと説得されている、などということはまったくない。しかし、ニュートンもボイルもロックもみな、錬金術に従事したのである。それゆえ彼には自由にそれをつづけさせたらよいだろう。(6)

ケインズのティンベルヘンにたいする批判は、統計的検証のプロセスにかんするテクニカルな問題の指摘と、より一般的な方法論上の批判の二つからなっている。しかし、彼が強調点をおくのは、後者の哲学的な問題の方であり、この点は、計量経済学の意義を基本的に認めようとする、ハロッドにたいする批判的書簡においても同様である。

ここで問題になるのは、何よりもまず方法論という中心的な問題である。それは、分析される以前の経済的なデータにたいして、多変数相関の方法を用いることにかんするものであるが、われわれはこのデータが、時間をつうじて非斉一的なものであることを知っている。もしもわれわれが、数的に計量可能で、たがいに独立な力をあつかっており、それが十分に分析されていて、われわれがあつかっているのが独立の原子的な要素であり、それが時間をつうじて恒常的かつ均一に作用しあっているということを知っているのであれば、われわれはこの方法を自信をもって用い、それらの作用の法則を導きだすことができるであろう。……しかし、問題になっている経済現象においては、これらの条件はいずれもまったく成立していないのである。

（ティンベルヘンの著書のコメントを依頼した国際連盟出版局宛て書簡、一九三八年八月二三日）[7]

私が思うには、経済学は論理学の一分野である。しかし、あなたは、それを擬似的な自然科学としてしまうことに、十分に確固とした拒否を示してはいないように思われる。……経済学とは、現代社会に関連性をもつ、さまざまなモデルを選択する技術と結びついた、モデルを用いた思考の科学である。それがそうでしかありえないのは、経済学が典型的な自然科学とはちがって、多くの面で時間をつうじて斉一的ではない事象を扱わなければならないからである。あるモデルをたてることの趣旨は、一時的、流動的な諸要素のなかから比較的恒常的な要素を分離することによって、そうした半永久的な要素についての論理的思考法を展開しようとすることである。……すぐれた経済学者は少ないが、それは「注意を怠らない観察」という才能が、とくに高度の専門的な知的テクニックを必要としないとはいえ、それをもっている者がきわめてまれだからである。……経済学は本質的に精神科学(モラル・サイエンス)であって、自然科学ではない。それはつまり、洞観(introspection)と価値判断とを用いるということである。

(ハロッド宛て書簡、一九三八年七月四日)(8)

いうまでもなく、これらの引用の最後にでてくる、「経済学は本質的に精神科学である」という文章こそ、ケインズの経済学にかんする方法論的マニフェストとして、非常に有名になったものである。ところで、この方法論争は、『確率論』の出版からかぞえれば、十七、八年後のものであるが、それにもかかわらず、これら二つの理論には一見して明白な共通点が認められる。

まず、帰納的推論、とくに統計的な推論の適用にかんする原理の共通ということがある。ケインズの計量経済学批判の大きな柱は、経済現象が時間を通じた現象の斉一性という条件をみたすことがない、というものである。しかしこの条件こそ、『確率論』の帰納的推論の原理の一つとされた、「原子的斉一性の仮説」である。経済現象には直接的に帰納法の存在論的前提が適用できない、というのが彼の「方法論」での立場である。

そして、これらの原理を逸脱した方法を、科学とは区別された、魔術的なものと決めつける、批判のスタイルということがある。『確率論』ではケトレの社会統計学が「占星術」とされ、方法論争ではティンベルヘンの計量経済学が「黒魔術」とされている。もちろんケインズはこれらがまったく無意味なものであるといっているわけではない。占星術は天文学に寄与し、錬金術や黒魔術は化学の発展に重要な貢献をなしたであろう。しかし、それらは科学そのものではない。科学はより限定された方法にもとづいて、より限定された領域についてのみ可能となる、というのがこれら二つの時期のケインズの主張に共通する表面上の論点である。

したがって、ケインズはその科学方法論にかんするかぎり、長期間にわたってかなり一貫した立場を維持していたと考えてもよさそうである。そしてそこから、経済学がモラル・サイエンスであるという主張も、『確率論』における、帰納的推論にかんする論理的分析を応用することによって、より明快な解釈が可能ではないかとも予測される(9)。

しかしながら、このような予測はたしかにもっともであるものの、その実際の適用にはかなり大きな限定が必要となる、ということが注意されなければならない。ケインズの二つの時期の方法論の関係は、その表面上の類似点にもかかわらず、けっして安易に混同することはできないのである。その理由の大きなものは二つある。

まず第一に、『確率論』における科学方法論が、主として自然科学を分析の対象にしていたのにたいして、「方法論」では、この自然科学と対比されたものとしての、精神科学が問題になっている。したがって、『確率論』と後期の方法論争の連続性がいわれる場合にも、自然現象と精神現象との関係がどのように捉えられているのか、ということが先に明確になっていなければならない。この点が『確率論』そのものからただちには窺えない以上、われわれはそれを、彼の推論一般の分析や存在論的了解と結びつけてもう一度考えなおさなければならない。

次に、この精神現象の存在論的ステイタスという問題と関係する、もう一つの大きな問題として、ケインズの確率解釈が、『一般理論』の時点では、すでに『確率論』の論理的解釈とは異なっているという事実がある。このことは、前章において認識論における転換を見てきたわれわれには、当然予想されることであるが、実際にこのことは、ラムジーの批判の結果として、『一般理論』の議論のなかで確認できるのである。そして、もしも『確率論』における帰納的推論の根本的仮説が、その確率論と密接に結びついたものであったとしたならば、たとえケインズがその原理を方法論争においてもそのまま仮定しているように論じているとしても、その効力や意味には、何らかの変化があると考えなければならない。

このように見てみると、『確率論』と「方法論」の議論との関係は、その表面的な連続性にもかかわらず、かなり複雑なものであることが分かるであろう。しかも、「方法論」におけるケインズの記述が、きわめて短く、直感的であり、多くの事柄を一まとめにして一緒に論じていることを考えると、その主張の要点はますます分かりにくくなる。彼の方法論の分析には相当の慎重さが求められるとともに、一方では、その不分明なところを補うような理論的道具建てを解釈者の側で用意して、考える必要があるのである。

そこで、こうした複雑な状況を少しでも解きほぐすために、まず、本章では、ケインズの科学にたいする根本的な姿勢を、『確率論』以後のテキストも参照して、もう一度スケッチしなおすことにしよう。いわば、彼の「帰納法についてのいくつかの歴史的覚書」を、その後のテキストも交えて、構成しなおしてみるのである。そしてその上で、次章および「結び」で、『確率論』と『一般理論』での議論の具体的な内容を取りあげて、その基礎にある確率解釈や認識論との照合によって、より焦点のあったモラル・サイエンスのヴィジョンを描くことができるのかどうか、検討してみることにしよう。

そのために、以下では、ケインズのニュートン、ヒューム、ラプラスにたいする評価を見てみることにしたい。ここでこれらの分析(とくにニュートンとヒューム)を取りあげる理由の一つは、たまたま彼の古書蒐集の趣味の産物として、興味ぶかい知見がもたらされたということにある。われわれはこれらのテキストから、ケインズの多面的な関心の一面を知ることができるであろう。

しかし、これらのテキストに注目することには、それだけではない、もう少し積極的な意義もある。ニュートンからラプラスまでの時代は、ヨーロッパの近代科学そのものが完成を迎えるとともに、大きく転換した時期でもあった。それはニュートンの『プリンキピア(自然哲学の数学的原理)』から、ラプラスの『天体力学』全五巻へといたる、いわゆるニュートン力学の大規模な発展の時期であるとともに、自然「哲学」が自然「科学」へと脱皮し、さらには、この自然科学の「観察と実験の方法」が、コンドルセやヒュームによって精神科学へと応用されはじめた時期である。そしてその間に、ニュートンが求めた「自然の真の原因」は、ヒュームの懐疑論によって大きな打撃を被り、その回復のためにリードは常識主義の哲学に訴え、ベイズやプライスは、フランスのコンドルセやラプラスと並行して、確率主義の手法を発展させようとした。

このような複雑な歴史的プロセスを、ケインズはおよそどのようなものとして捉えていたのか。このことを確かめてみることは、彼の方法論の出発点となった確率主義的帰納法の理論の性格に、いくつかの光を当てることになるだろう。以下に見るように、これらの思想家にたいするケインズの分析は、いずれもかなり片寄った、独特な解釈であり、かならずしも思想史的、科学史的に正確とはいえないものである。しかし、それゆえにこそ、われわれにとっては、ケインズの独特の科学観を知るうえで好都合なものといえよう。彼が多少の誇張を交えてでも主張しようとしたところから、われわれは彼の方法論的問題意識の大枠を理解することができるのである。

2 ニュートンについて

アイザック・ニュートンの名前は、ヨーロッパの近代科学そのものと同一視しうるくらい偉大なものである。一八世紀の詩人ポープは、「自然と自然法則とは、夜のとばりのうちに埋もれていた。神は、ニュートンよ生まれよ、と言った。そうすると、すべてに明るい光がさした」、とその功績を最大級の言葉でたたえた。ダランベールもまた、もう少し散文的に、『百科全書』の「序文」で、「ニュートンがついに現われて、哲学が明白に保持すべき形式をそれに与えたのである」と書いている。

このように、一八世紀のニュートン像は、「一切のスコラ哲学の迷妄から解放された、理性の徒」(ヴォルテール)というものであり、このイメージはその後一九世紀中頃までの、いわゆるニュートン力学の最盛期をつうじて変わることはなかった。そして、一九世紀後半以後の現代の科学から見ても、その功績そのものの意義は一度として疑われることはなかったといってよいであろう。しかし、ニュートン力学という理論体系ではなく、彼の『プリンキピア』や『光学』に見られる科学方法論的主張をどう理解するか、という方法論上の問題や、ニュートンという科学者その人の「科学的パーソナリティー」はどのようなものであったのかという問題は、とくに今世紀第二次大戦後の科学史の発展にともなって、深刻な問題として受けとめられるようになり、「ニュートン革命」の意味をめぐるさまざまな解釈を生みだすことになった。そして、このようなニュートンにかんする一八世紀的な「合理的科学精神の理想像」ともいうべきイメージに、最初に根本的な異を唱えて、その後のニュートン研究の端緒となったのが、ほかならぬ、ケインズがトリニティー・カレッジでのニュートンの生誕三百年記念祭の講演として用意した原稿、「人間ニュートン」(一九四六)である。(10)

ケインズは実際には、『確率論』の帰納的推論とアナロジーの関係を論じる部分において、すでにニュートンの方法の非・実証的側面に注目していた。そこでは、ニュートンは「七」という数字の神秘性に固執する科学者として、ピタゴラスからホイヘンス、コントとともに括られている(ニュートンは七つの音階と光の七つのスペクトラムのあいだに、アナロジーを見たのである)。彼はそこで、「しかし、ニュートンとホイヘンスが理性的であったのは、彼らの理論が正しいものであったときであり、彼らの誤りのほうは無秩序な空想の産物であったというのは、確かなのだろうか」と、疑問を呈している。(11)

さて、ニュートンの遺稿がその姪の子孫の「ポーツマス家文書」の主要部分として競売に付されたときに、ケインズがその半数近くを購入したのは、『一般理論』出版の数ヵ月後のことである。ニュートンの数学的原稿はすでに一九世紀末に、ケンブリッジの大学図書館に収められていたので、彼が購入したのは、ニュートンの神学論、聖書の記述のなかに隠された数の神秘思想の研究、そして錬金術の研究である。彼はニュートンの『プリンキピア』初版本を五冊、『光学』初版本も一冊所蔵していた。彼のニュートン・コレクションは当時もっとも完備したものであった(それらものちにケンブリッジに寄贈されることになった)。

このニュートンの手稿を「少なくとも一〇〇万語は読んだ」というケインズが、「人間ニュートン」において示そうとしたのは、「ありのままのニュートン(Newton as he was himself)」である。彼はそれを「伝説上のニュートンである一八世紀の人物」と対置する。ケインズが遺稿のなかから発見したニュートンは、「合理主義者で、われわれに冷静かつ何の混じりっけもない理性に従って思考するように教えた者」ではなく、「魔術師たちの最後の者、バビロニア人やシュメール人の最後の生きのこり、われわれの知的遺産を築きはじめた人々と同じ目で、可視的かつ叡知的な世界を眺めた最後の偉大な精神」である。彼はこの偉大な科学者をさらに、「神と自然にかんする一切の秘密に純粋な精神の能力によって通じることができると、悪魔によって誘惑された精神、すなわち、コペルニクスとファウストを一身にかねる者」とも呼んでいる。

ケインズはこのような新しいニュートン像を提示するために、ニュートンの私的な文書から窺われるその性格、大学での就職にまつわる宗教上のトラブル、『プリンキピア』にいたるまでの力学研究と並行しておこなわれた、聖書研究と錬金術研究の内容を、次々と紹介している。これらの解説によって立ちあがる人物は、極端に疑いぶかく、閉鎖的で、異端の信仰を隠し、また、スコラ的な迷信に囚われながらそれをひた隠しにしようとしている人間像である。ニュートンは『プリンキピア』の出版後は、社会的に非常な成功と名誉とをえたが、それは、それ以後彼がこうしたひそかな研究と訣別し、それと同時に以前のような一貫した精神力を失い、なにがしか物憂い気分のなかで生きるようになることでもあった、とケインズは結論づけている。

このように、このニュートン像は主として、その特異なパーソナリティーに焦点を合わせたものであるが、しかし、それだけに終始しているわけではない。ケインズは明らかに、「可視的かつ叡知的な世界を眺めようとした精神」に深い共感を示している。われわれを取りまくこの世界は可視的、すなわち感覚的、流動的であって、同時に知性的であるというのが、科学的精神の真の前提である、というのがケインズの訴えようとするメッセージである。あるいは、「全宇宙を、そこに神がいくつかの手がかりを与えた一つの謎として」受けとることが、真の科学的精神であるというのである。そのことを示しているのが、ニュートンの次のような探究方法にたいする評価である。

私は彼の精神の秘密を解く鍵は、その連続的で集中した洞観にかんする異常なまでの能力にあると、信じている。彼をデカルトと同様に、完成された実験家とみることは可能である。……しかし、これを彼の同時代の人々のなかで見たときに、それが彼に特有な天賦の才能ではないことは確かである。彼に特有な才能は、ある純粋に精神的な問題を、すっかり見とおしてしまうまで、ずっと連続して精神のうちにとどめておくことができる、という点にあった。私は、彼の卓越性の由来は、彼が人間に与えられる直観の筋力のうちでも、もっとも強力で、持続性のあるものをもっていた、ということにあるのだろうと考えている。誰でも純粋に科学的、あるいは哲学的な思考を試みたことのある者であれば、人がどうやって、ある問題を一時的にせよ精神のうちにとどめ、それを見とおすためにあらゆる力を用いて精神を集中させることができるか、ということを知っている。しかしまた、やがてそれがばらばらになり、霧消してしまって、探索しているものがただの空白にすぎないものになってしまうかも、知っている。私はニュートンが、ある問題をそれがその秘密をあけ渡すまで、何時間でも、何週間でも、何ヵ月でも精神のうちにとどめておくことができたのだ、と信じている。それから、彼は最高の数学的なテクニシャンであったのだから、説明のためなら、どうとでも好きなように体裁を整えることができた。しかし、彼が何よりもすぐれて非凡であったのは、その直観力であった(12)。

さて、この文章には注目すべき二つの事柄が含まれているように思われる。その一つは、「科学的、あるいは哲学的思考」の精髄が、問題の全体を徹底的に保持し、最終的にその問題の解決の鍵が直観されるところまで精神を集中しつづけるところにある、ということでの主張と、さきに見たハロッドにあてた書簡に見られる、経済学の方法にかんするマニフェストとが、ほとんど重なりあっているという事実である。「問題がばらばらになって、霧消してしま」わないように精神を集中することが、ほかならぬ「注意を怠らない観察」である。また、「可視的かつ叡知的世界を眺めようとする」ということは、別の言葉でいえば、「流動的な諸要素のなかから比較的恒常的な要素を分離し、そうした半永久的な要素についての論理的思考法を展開しようとする」ことである。それらを精神の「洞観」と呼ぶのも、二つのテキストは一致している[13]。

したがって、「経済学は本質的に精神科学であって、自然科学ではない。それはつまり洞観と価値判断を用いるということである」、とケインズがいったとき、精神科学に特有なものとしては「価値判断」だけが残ることになる。それはどのようなものなのか——。右のニュートンの方法の性格づけは、このようにわれわれの問題の焦点を絞ってみせるという意味で、重要である。

もう一つの注目すべき点は、ケインズがここで「実験」や「数学的証明」の意義を過大視しない、という態度を示している点である。右の文章では、実験家の代表例としてデカルトの名前が挙げられているが、その実験家とは具体的には、「機械の考案や光学の実験」を行う者である。おそらくケインズはここで、デカルトにかんしては、彼自身がその一八世紀以来のイメージにとらわれ、「動物機械論」にド・ラ・メトリの「人間機械論」を重ねあわせたイメージを保持しているのであろう(というのも、科学における数学的証明の二次的意義を強調し、直観や「精神の洞観」を知性の本質としたのは、デカルトも同じであったからである)。

しかし、いずれにしても、この機械論的世界像と数学的証明の重視が、ニュートンその人ではなく、「一八世紀の伝記的ニュートン」に帰されていることは、これらが一八世紀的科学観の典型とみなされている、ということを意味している。そして、ケインズはこのような科学観に否定的な態度を隠してはいない。それでは、こうした科学観のどこが問題になるのであろうか。この点については、彼のヒュームやラプラスについての批判を見る必要がある。

3　ヒュームについて

ケインズはヒュームにかんしても、ニュートンと同じように、今世紀の実証的思想史研究に貢献している。ただし、この場合の発見は、ニュートンの場合にくらべれば比較的小さいものではあるが——。

彼はヒュームの『人間本性論』の初版本も所有していた。この作品はその第一部・第二部が一七三九年、ヒュームが二八歳のときに出版されたが、ヒューム自身がその晩年の『自伝』のなかで、「印刷機から死産した」と書いたほど、当時はまったく評判にならない本であった。ヒュームはこのことに強い打撃を受け、それをすっかり書き直して『人間知性探究』として出版した（一七四八年）。この作品もそれほど成功したわけではないが、すでに『道徳政治論集』で一定の評判をえていたうえに、新しい本の方はその議論を簡略化し、また文体も読みやすくなっていたために、彼の懐疑論の威力がひろく知られ、それにたいする反論を呼び起こすきっかけとなった。カントが『プロレゴメナ』で、「独断のまどろみから覚めた」と書いたのも、この本を読んだ結果である。

ところで、『人間本性論』の出版の一年後に、『最近出版された「人間本性論」と題された書物の梗概』という小冊子がロンドンで出版されており、この匿名の筆者による紹介パンフレットは長らく、ヒュームの友人のアダム・スミスの手になるものと考えられてきた。というのも、その序文には、筆者がヒュームとは別人であることを明瞭に示唆するところがあり、また、ヒュームがハチソンと交した書簡のなかに、このパンフレットがスミスによるものと取られかねない文章があったからである。

ケインズはこの小冊子を一九三三年に入手し、その筆者がスミスであることに疑問をもった。彼は同じく古書愛好家であったスラッファとともに、この小冊子が出版された時期のヒュームとスミスの書簡などを詳細に調査し、書かれた内容と彼らの記録との照合によって、真の作者がヒューム自身にほかならないことをつきとめた。ケインズとスラッファとはそこで、その結論に達する基礎となった資料を解説する序文を付して、この小冊子を復刊した(一九三八年)。その序文によれば、ヒュームは自著の書評がまったく現われないことに困惑し、自ら第三者の立場でその紹介を書いたのである。[14]

さて、このエピソードもケインズの熱心な古資料渉猟癖を示すものである。しかしこの場合にも、彼の関心はそれだけにはとどまらない面をもっていた。というのも、この序文作成の過程で、彼はスラッファにたいし、ヒュームの哲学的性格にかんする彼の意見を述べ、それを序文に加えようという非常に強い熱意を示していたからである(この計画は、出版の目的が純然たる歴史資料的なものであるという理由で、スラッファに拒否された)。彼はたとえば、スラッファにあててこう書き送っている。

一八世紀をつうじた『人間本性論』の消失は、哲学の歴史においてほとんど類例を見ない、第一級の興味と重要性をもっています。それは『梗概』の消失とぴったり話が合うと私は思うのです。

(一九三七年一一月一四日)

「ヒュームの誠実さ」

私はつねに、ヒュームによる『人間本性論』にかんする記述を信頼に足りないものと、みなしてきました。この本にかんする極度の失望感が、その後の一生のあいだ、この問題についての理性的な態度をとることを妨げるような、コンプレックスを彼に植えつけたのです。彼の主たる目標は、もみ消しと言い訳ということになったのです。……私がカントについていいたかったのは、彼がヤーコプによる『本性論』の翻訳を読んだことがなかった、ということではありません。私がいいたかったのは、彼が『純粋理性批判』と『プロレゴメナ』を書いた時点では、『人間本性論』についてはよく知らなかったということです。要点は、『本性論』がすっかり消失していたために、彼がヒュームについての有名な文章を書いた時点で、彼はそれについて通暁していなかったということです。

（一九三七年一一月二七日）(15)

ここでケインズが、ヒュームの最初の哲学書がその作者によって意図的に隠蔽されたといっているのは、その書きなおされた『人間知性探究』の「序文」に、この著書のみが著者の哲学論と解してほしい、という意味の表現があることや、『人間本性論』の次に出版された『道徳政治論集』の「序文」に、この書が著者の最初の作品であると書かれていることをさしている。そして、この事実が歴史的に第一級の重要性をもったというのは、このためにカントがヒュームの真意を誤って、その懐疑論が帰納法にかんするものであることを見ぬけず、ただ個別的事象間の因果的必然性にのみかかわるものと解釈してしまった、ということである。(『人間知性探究』には、因果的必然性にかんする懐疑論はくわしく順を追って提示されているが、「蓋然的信念」についての議論はほとんど実質のない、単なることわり書きのようなものになっている。とくに、『人間本性論』では詳述された、複数の原因にもとづく事象の確率にかんする間接的な蓋然的推論の分析が、すっかり簡略化されて、真剣な考察にあたいしないかのように装われている。)

ケインズの考えでは、もしもカントがこの議論を知っていて、そこから別の方向に議論を展開する可能性を考慮できたならば、「カテゴリーの超越論的演繹」のような、無理な議論に進みはしなかったであろうとされる。彼は『確率論』の「帰納法についてのいくつかの歴史的覚書」のなかで、すでに、カントによるヒュームの論駁に触れて、こう書いている。

ヒュームの懐疑論的批判はしばしば因果性に結びつけられている。しかし、彼の攻撃の真の対象は、帰納法による論証、すなわち、過去の個別事象から未来の一般化への推論である。……カントに導かれた哲学者たちの相つぐ試みは、超越論的解決を図ろうとするものであったが、これらは同じ土俵に立った敵対的な意見に対抗するだけの力をもちえず、また、ヒューム自身が場合によっては満足したかもしれない方向に沿って、解決の道を見出すことを妨げた[16]。

ケインズがここで、ヒューム自身が満足したかも知れない解決の方向といっているのは、帰納的推論の妥当性は、それ自体演繹的には論証できず、蓋然的なものとして認められるほかはない、という立場である。この立場こそ、ヒュームの懐疑論に対抗するためにスコットランドの常識主義の哲学者たちがその認識論にかんして主張し、また、ベイズやコンドルセ、ラプラスがその科学方法論において採用した立場である。

しかし、ヒューム自身は「知識」と「蓋然的信念」の区別を、「理性」と「想像力や情念」の区別と完全に重ねあわせていたために、帰納的推論の演繹的正当化の不可能は、すなわちその不合理性の確認である、という結論に導かれてしまった。そして、カントは、問題の焦点を、個別的事象間の因果的結合のほうに見てしまったために、『純粋理性批判』における「理性的な信念」という自らの概念の重要性に気づかず、確率(蓋然性)にもとづいた帰納法の合理化という道をとりえなかった。

そればかりではない。ヒュームは、「知識と蓋然的信念」の区別が「理性と情念」の区別に等しいと考えることによって、「存在は当為を含意しない」ということがいえると考えた。すなわち、何が存在するかを知識としてもっていても、行為を動機づけるのは情念であり、したがって知識は何を為すべきかの原理を与えることはない。そして、ヒュームにあっては、「理性は情念の奴隷」なのである。ケインズの考えでは、蓋然的信念こそ存在と当為の双方を教えるものであるべきである。ところが、カントはヒュームの前提に引きずられて、行為の原理を与えるものとして、「合理的な」蓋然的信念ではなく、実践的理性という別の理性を立てなければならなくなった——。

『確率論』のなかで、ケインズはこのようにヒュームとカントとの関係を解釈している。そこで、彼は『人間本性論』の『梗概』の作者の発見という、一見して些細な事実を契機にして、あらためて、ヒュームにおける自説の「もみ消し」が「哲学史における第一級の重要性をもつ」という、いささか大げさともいうべき意見を引き出しているのである。ここでの要点は、ヒュームがその蓋然的信念の理論を十分に示さなかったこと、また、理性というものを数学的な真理や論理的に自明な真理のみにかぎったために、蓋然的判断のもつ合理性に注意を向けることができなかった、ということであり、そのことがその後の哲学にも大きな影響を与えた、ということである。

さて、ケインズがヒュームの『人間本性論』にたいする失望というエピソードを重視するのは、なによりまず、このような哲学史における認識論の可能性を歪めたという点にある。しかし、彼はさらにもう一つ、この哲学者における理性のせまい解釈と、自著の失敗から「コンプレックス」を生じさせるような性格とが組みあわさって、その後の思想史に影響をおよぼした面がある、と考えているようである。それは、ケインズがいうところの、ヒュームの「シニシズム」である。

この主題は、彼が一九二六年に、自由党を改革し、時代の変化に即応した新しいリベラリズムを採用するよう説くために著した、『自由放任の終焉』において展開されている。彼はこの著書で、「百年以上にわたってわが国を支配してきた哲学者たちが同意してきた、個人主義と自由放任という言葉で一まとめに表現される思想」の主たる源泉はヒュームである、と指摘している。ケインズによれば、一九世紀以来ベンサムとその賛同者たちによって提唱されてきた、「功利主義的社会主義」あるいは功利主義と平等主義の総合は、一般にはこれらの思想家にさきだってまず経済学者たちによって主張されていた、と広く考えられているが、これは誤りである。(アダム・スミスの「神の見えざる手」でさえ、デウス・エクス・マキナとしての神ではなく、『道徳感情論』に見られる世界についての目的論的有神論、ライプニッツやウィリアム・ペイリーの神学論的楽観論に似た、形而上学的議論から導かれているのである。)

むしろ、自由放任がそのまま社会全体の幸福につながるという思想は、経済学者たちが哲学者の議論の結果としていわざるをえなくなった主張であり、その源は、「ロックとヒュームとが、個人主義をうち立てるために、功利計算(calculations of utility)という考えを土台にし」、神学的議論を認めない新しい倫理学はもはや、合理的な自己愛がもたらすものについての科学的研究以外にはありえないと、論じたことにある[17]。

そして、ベンサムが、一人の人間の幸福が別の人間の幸福に比べて特別優先される「合理的な」理由はないと考えて、ヒューム流の功利主義が「純粋理性」の立場からして平等主義、あるいは社会主義へと導くと論じたとき、実際には彼は、ヒュームの計算主義的理性観の底に、理性にたいするシニシズムが胚胎していることを見逃してしまった。そこで、理性にかんするシニシズムから、理性にもとづく平等主義を帰結させる、という混乱した思想がベンサムによってもたらされたのだ、とケインズは主張するのである。ここで彼のいう、ヒュームのシニシズムとは、すでに触れた「理性は情念の奴隷である」という思想である。ヒュームは『人間本性論』第二部「情念論」で、このことを、次のように説明している。

私の指にかすり傷を負うくらいなら、むしろ世界の破滅の方を選ぶといっても、決して理性に反しているわけではない。また、一人のインド人や、私のまったく見知らぬ人のほんのわずかな不安を除くために、私が自分の一生を犠牲にしたいと考えたとしても、理性に反してはいない。……理性は情念の奴隷であるし、また、そうであるべきなのである[18]。

いうまでもなく、理性は数学的真理や論理的に自明な真理にのみ確実な判断を下すことができ、それ以外の事柄に拡張されると思弁的な誤謬をおかしかねないということと、理性が判断をくだせない事柄、たとえば価値判断については、どのような判断であっても「不合理ではない」ということは、別のことである。それらを等置することは、「不可能」と「無関連」という別種の様相概念を混同した誤謬推理であり、また、「不合理ではない」を「ほぼ理性的である」と同一視する両義的論法である。ケインズは、このような推論を導いたものが、論理的な誤謬である以上に、ヒュームの個人的なパーソナリティーに由来していると考えた。あるいは、その論理的な誤謬が、性格的な不安定さから発している、と考えた。それゆえに彼は、『人間本性論』をめぐるヒュームの態度に非常な「興味」を覚え、それが重大な帰結をもつことを強調せずにはいられないと感じたのである。

それでは、ヒュームの採用していた、理性にかんする計算主義的解釈それ自体には、特別の問題はなかったのだろうか。ヒュームが蓋然的信念の理論をもとに、帰納法の蓋然的な正当化の道を選ばなかったのは、彼が確率の数学的な理論にくわしい知識をもたなかったからである。そのために彼は懐疑論におちいった。もしも、彼が確率の算術に通暁しており、また、そのシニシズムに無縁でありえたら、どうであっただろうか。ケインズはこのような立場の例として、今度は、ラプラスら一八世紀から一九世紀前半の古典的確率論者に注目する。そして、彼らの場合は、ヒュームとは反対に、その数学的・計算主義的理性観のゆえに「証明しすぎている」と考えた。

4　ラプラスについて

ヒュームの懐疑論は、スコットランドの神学者兼数学者のベイズやプライスに、確率計算の定理にもとづく帰納的推論の正当化という新しい方法を採用することを促した。同じころ、フランスでは、ベルヌーイからコンドルセ、ラプラスにいたる、古典的確率算の完成と、その帰納法への応用の可能性が提唱された。こちらのほうは、簡単にいえば、デカルトの哲学にたいするパスカルの懐疑論が、その源泉になっているということができる。(より正確にいえば、パスカルによるデカルト的確実知にたいする懐疑から生まれた確率論の先駆的研究と、それにたいするダランベールのテクニカルな批判とが、その源泉である。)

いずれにしても、まずデカルトとパスカルの思想を総合したポール・ロワイヤルの『論理学、あるいは思考の方法』(一六六二)が書かれ、それとの対比で、ベルヌーイの『推測の方法』(一七一三)が書かれた。そしてこの延長上に、百年後にラプラスの『確率の哲学的試論』(一八一四)が書かれて、古典的確率論は一つの完成をむかえた。この過程のなかで、イギリスのプライスとフランスのコンドルセらは相互に活発に交流しており、結果として、「ベイズ・ラプラスの定理」にもとづくいわゆる「ベイズ主義」の思想が生まれたのである[(19)](その公理主義的洗練は、百年後のラムジーの登場を待たなければならなかったのであるが)。

ラプラスはこの古典的確率論者たちの思想を代弁して、『確率の哲学的試論』の終章「確率計算にかんする歴史的覚書」で、こう書いている。

確率論とは畢竟、計算に還元されたところの良識(le bon sense réduit au calculus)にほかならないということが分かるであろう。それは歪んだところのない精神が、ある種の本能によって識別しはするが、しばしば論証を与えることができないものについて、厳密さをもって評価できるようにするのである。この理論によって誕生した解析的な方法や、この理論の基礎となる諸原理の真理性、あるいは、さまざまな問題の解決にさいしてこれらの原理が使用する精緻で微妙な論理、この理論に依存する公共的な利便のさまざまな成果、そして、自然科学と精神科学におけるもっとも重要な諸問題にたいして、この理論が適用されてきた範囲と、今後さらに適用されるであろう範囲とを考えるならば、……われわれの省察にあたいする科学としては確率論以上のものはなく、またそれが、公共教育のシステムに加えるべきもっとも有用な科学であるということが、分かるであろう。[20]

さて、ケインズはこれらの古典的確率論者たちについて、『確率論』では多くの紙面を割いているが、その後の著作ではほとんど触れてはいない。(彼は、これらの思想家たちのような「精緻で微妙な論理」にまで踏みこんだ包括的な分析をくわだてることは、自分としては二度とできないだろうという意味のことを、あるところで漏らしている。[21]) しかし、このラプラスらの確率論の主題が、彼の「論理学としてのモラル・サイエンス」の企てと、非常に密接に重なるものであることは明らかである。ケインズにとっても、論理学の目的は、「良識が本能的に識別していることを、厳密に評価できるようにすること」

であったからである。

『確率論』におけるラプラスらにたいするケインズの批判は、かなり煩雑なものであるが、その議論は主として、(1)われわれがさまざまな観測によって集める測定値の誤差を改善するために、「誤差の法則(laws of error)」を利用して、その最小の誤差の可能性をつきとめることができるという、「最小二乗法」の証明と、(2)確率算におけるベルヌーイの大数の法則の逆法則や、ラプラスの「継起の規則(the rule of succession)」を基礎にした、統計的推論をめぐって展開されている。その基本的な主張は、彼らの考える人間の「良識」、すなわち「理性」の理解が、一方ではきわめて算術的であるとともに、他方ではきわめて経験主義的であって、しかもそれら両者の関係が細かく反省されておらず、かなり無造作に結合されているということである。

まず(1)の、さまざまな観測における測定値の誤差を最小化する方法が、算術的に求められるという考えは、一九世紀の初頭に、ルジャンドル、ガウスなど多くの数学者によって究明されていた。その基本的な考えは、ある一つの事象にかんする多くの観測値の統計的なデータにたいして、いくつかの算法でその「平均値」を特定し、これらの平均値同士の関係によって、その分布の特性を決定する。これによって、さまざまな観測値と、それらが本来もつべき本当の値との誤差の分布の性格が特定される。そして、この誤差分布の全体が、いわゆる釣り鐘型のカーブをもった正規分布、すなわちガウス分布にしたがうとき、その誤差の「確率」を二乗した値を最小にする観測値が、もとの観測値のなかから選ばれるべき最善の値である、という議論である。

この最小二乗法の発想を、確率の解析的理論の適用によってはじめて厳密に証明したのがラプラスであり、彼はその正確な計算法を『確率の解析的理論』で示すとともに、概略的な説明を、『確率の哲学的試論』のなかにある「多数の観測結果から選ばれるべき平均値」という章で述べている。そして、ケインズはこの計算法についていくつかの細かい議論をおこなっているが、そのもっとも基本的な批判は次のように要約できる。

まず、想定される多数の誤差が正規分布にしたがうときに、それらの算術平均をもった観測値がもっとも蓋然性の高い値であるという証明と、そうした誤差の確率、すなわち平均からのズレの期待値を計算し、その最小のものを求めるという方法は、数学的な複雑さは異なっていても、(ラプラス自身が認めているように)その根底的な原理は同一である。したがって、観測値の集合が正規分布に近づくときにその算術平均が真の値に近づくという、最初の議論が吟味されなければならない。ところが、われわれの観測データは多くの場合直接にえられるものではなくて、複数の間接的な観察法の組みあわせによって計算される。そうすると、個々の観測データをどのような単位からなる複数の観測データの複合と見るかによって、観測値の資料そのものが異なることになり、正規分布という数学的特性自体が観測の信頼性を保証するという議論は成立しなくなる。それが成立するというのは、個々の観測値を構成すべき指数の単位が、経験においてすでに知られているという、独断的な前提をもちこむことである――。

他方、(2)の、大数の法則や継起の規則の問題は、これまで観測された一連の観測データの統計的性質から、今後の観測の値の確率を推定するという、「統計的帰納法」の問題にかかわる。

ベルヌーイは『推測の方法』において、いくつかの排他的な性質をもつ対象からなるグループのなかからある一つの対象を抽出したときに、その対象がもつであろう性質の確率が、その抽出試行の回数がきわめて多数になるときには、一定の値にかぎりなく近づくという極限定理を証明した(この定理を「大数の法則」と名づけたのはポワソンである)。このことは、きわめて多数の試行におけるある事象の生起の頻度から、その事象の生起の確率を推定できるということを意味する。ベルヌーイはさらに、この定理を逆転して、確率の値がすでに分かっている場合には、その生起の頻度が推定できるという論証もおこなった。これによって、われわれはある事象の事前確率の知識から、その事象の事後確率を推定することが、一定の条件のもとで可能であるということになる(このような考えの核となる確率算の定理が「ベイズの定理」である)。

ラプラスはこの考えをさらに押しすすめて、これまでの試行の頻度から、次の試行の確率が、「(m+1)/(m+n+2)」という式で与えられるという議論を展開した(m+nはこれまでの試行の総数、mは当該の事象の生じた回数)。これが「継起の規則」である。彼はこの規則を利用して、科学的仮説の検証の論理を定式化できると考えた。すなわち、これまでのm回の観測である量xの値を与える式がfであることが確かめられているならば、これからのn回の観測でxがfによって与えられる確率を推定できるというのである。[22]

ケインズはこうした統計的帰納法の論理にたいしてもさまざまな角度から批判を重ねているが、その根本的な不満は、これらの理論においては「確率」の解釈が、一方では算術の操作の対象であるとともに、他方では、経験の頻度という、物理的現象の要約的表現という性格をもっていて、これらのあいだをどう橋わたしするかという問いが立てられていない、というところにある。この点が不問に付されているために、ベルヌーイの事前確率から事後確率の推定では、大数の法則によって設定される極限値としての事前確率が、あたかも現実の世界のなかの性質であるかのように想定されて、そこから、頻度から確率への移行と同じステップが踏めるかのような論じかたがされている。

一方、ラプラスの継起の規則では、どれほど短い観測記録からであってもその後の観測の予測が立てられてしまうことになる。「この方法は実際のところ、あまりにも強力すぎる。この規則によって支持されるいかなる肯定的な結論も、とてつもなく高い確率値を付与されることになるであろう。これは馬鹿げていて、到底採用することが考えられない規則である[23]」。

ケインズの分析では、こうした奇妙な結論がまかりとおるのは、次のような論理が認められる場合だけである。すなわち、現実の世界に成立している法則は一つしかないが、われわれの想定する仮説は複数ある。そして、それらが複数あるということはわれわれが完全に無知であることを意味している。したがって、複数の仮説にはそれが真である可能性が等しくある。そこで、これまでの仮説の検証の割合に、この等しい可能性を加えれば、より正確な検証に一歩近づくことになる――。しかし実際には、われわれの仮説はそれらの相対的な妥当性が「知られている」がゆえに、その検証が意味をもつのであり、また、それがいかなる状況下で知られたのかという情報と、それがどの程度の割合で肯定されてきたのかということから、その仮説の蓋然性が推定されるのである。こうした仮説の設定にかかわる背景的知識の介在を無視することによって、「継起の規則」のような無理な方法論的規則が立てられることは、仮説が指し示す「原因」や「法則」をわれわれの知識とは独立な客観的存在としつつ、同時にわれわれの経験に直接結びつけられるとするような「直接的方法論」が、いかに短絡的な方法であるかを示している。

〔ラプラスらの〕数学的方法を統計的記述の一般化の問題に適用することは不当である。それらの方法が正当化しようとする何らかの確定的な結論にすすむことが許されるまえに、われわれの材料〔仮説〕についての知識の状態が否定的ではなくて、肯定的でなければならない。その仮説の根拠となった状況が分析されておらず、また、われわれの知識の全体的な体系との照合もなしに、算術という基礎と、記述的な統計学の諸方法が解釈するようにうながす仮説の諸性質だけから、そうした仮説にこれらの数学的方法を用いることは、誤謬と錯覚に導くだけである。(24)

――さて、以上のように、ケインズのベルヌーイやラプラスにたいする批判は、かなりテクニカルな議論にかんするものではあるが、それゆえにかえって、批判する議論の側の独断的な面が目だっているところもあり、少なくともこれらの批判の意義は、彼自身の方法論を考察するまでは、かならずしも明瞭ではない。(25) しかし、個々の論点をおいても、これらの批判の背景にある基本的な科学観の相違というものは、以上の議論から、おおよそ理解することができるであろう。

今日一般に信じられているイメージとは異なって、「ニュートン力学」が厳密な意味で、だれもが乗りこえることのできない客観的真理、世界の決定論的メカニズムを教えるものであるという認識があまねく広まったのは、『プリンキピア』の出版から百年以上たった、ラプラスの時代になってからである。微分方程式を用いたニュートンの力学体系の精密化は、ラプラスをして、次のような有名な言葉を述べさせた。

ある知性が、ある与えられた時点において、自然を動かしているすべての力と、自然を構成しているすべての存在者の各々の状態を知っていて、さらにこれらの与えられた情報を解析する能力をもっているとしたならば、この知性は、同一の方程式の下に宇宙のうちなるもっとも大きな物体の運動も、もっとも軽い原子の運動も包含せしめるであろう。この知性にとっては不確実なものは何もなく、その目には未来も過去と同様に現前していることであろう。(26)

これがいわゆる「ラプラスの魔」の理想である。

この決定論的世界像という理念のもとで、彼は、ある与えられた時点での所与のデータから、「すべての存在者の状態」の認識へと接近するために、観測データの誤差を縮小する方法を確定するとともに、統計的な一般化の方法を編みだす必要があった。しかしながら、ケインズの考えでは、その方法は、あらかじめ決定論的世界像という理念を想定してのみ有効なものであって、その意味で循環的な論証構造をもっていた。

ケインズの批判の要点は、ラプラスにおけるこうした存在論的前提が、その数学的な洗練のゆえにかえって見えにくくなっているということにある。そもそも、われわれを取りまく世界が決定論的法則にしたがうものであるかどうかは、論理的には論証できない問題である。したがって、世界のあらゆる存在者の過去、現在、未来の一切の状態を特定すること自体は、科学の目標とはなりえない。あるいは、過去の状態から未来の状態を「予測」することが、科学の本来的な役割ではない(ラプラスの流れをくむ実証主義者コントによれば、「知ることは予測すること(savoir c'est prévoir)」である)。むしろ、世界がいかなる種類の法則によって、もっともその本質的な姿をあらわにするかを洞察することそのものが、科学の目的である。

すでに見たように、ニュートン自身はそのような理念にしたがって、「宇宙の謎」を解こうとしたと、ケインズは考えた。そして、その謎の性質を不問にしたまま、数学的な計算の洗練によって、より精妙な予測を求めることは、謎それ自体を保持しつづけながら、その秘密にせまるという、この洞察の力を弱めることであると彼は考えた。ケインズにとっては、「ラプラスの魔」のような知性は、その対象のうちに「不確実なものは何もない」と仮定するかぎりで、「良識」が認める合理性の基準からは大きく逸脱したものであったのである。

第四章　ケインズの科学方法論

1　『確率論』の科学方法論

一九二六年はフランシス・ベイコンの没後三百年にあたる。この年の一〇月、ケンブリッジ大学でベイコン没後三百年記念講演をおこなったブロードは、次のような言葉でその講演を締めくくっている。

ベイコンの次の百年祭がおこなわれるさいには、彼が着手した偉大な作業が完成していますように。そして、長年にわたって科学の栄光であったところの、あの帰納的推論(Inductive Reasoning)が、もはや哲学のスキャンダルではなくなっていますように。(1)

この年はケインズの『確率論』が出版されてから五年後にあたり、ブロードはケインズのこの業績が、彼自身の帰納法にかんする研究とともに、帰納的推論の哲学的基礎づけのための新たな理論的前進を示すものと信じていた。

ところが、同じ年の一一月、つまりブロードの記念講演の一ヵ月後に、ケンブリッジのモラル・サイエンス・クラブで講演したラムジーは、ケインズの確率論を根本的に批判するとともに、「人間の論理」としての帰納法という別の議論を提出した。この議論によれば、人間の帰納的推論の能力は、形式的な論理の問題ではなく、記憶や知覚と同じ本能の一種とされ、それは哲学的に正当化されるのではなくて、進化論的に説明されるのみである、とされた。ラムジーはこの講演で次のように述べている。

> もしもある人がその記憶や知覚を疑うとしたら、われわれは彼にむかってそれらが信頼できるものだと証明することはできない。それを求めることは無いものねだりである。そして帰納法についても同じことがいえる。帰納法は記憶と同様、知識の究極的な源泉の一つである。誰も、世界はたった二分前に始まったのではなく、われわれのすべての記憶は幻想であるわけではない、ということが証明されないからといって、それを哲学のスキャンダルであるとはみなさないであろう。(2)

すでに見たように、ケインズはこのラムジーの見解にたいして、その五年後に、「〔ラムジーによれば〕われわれの信念の度合の源は、われわれの人間的装備の一部ということになる。私はここまではラムジーに承服する。けれども、「合理的信念」と信念一般とを区別しようとした議論においては、彼はいまだ成功してはいないと思われる。というのも、単にそれらが有用な知的習慣であるというだけでは、帰納法の原理の根底にまで達するとはいえないからである」と書いた。彼はラムジーにならって、帰納法の論理的正当化の試みの不在をもって、「哲学のスキャンダル」とみなす必要はないと考えるようになったわけであるが、しかし、ラムジーのように帰納的推論の合理性の特徴を、進化論的に有利な精神

の習慣として性格づけるだけでは、その本質を見誤ることになると考えたのである。(3)

帰納法をめぐるケインズの思想は、それゆえこの一〇年のあいだに、『確率論』における哲学的基礎づけの試みから、その失敗の認識、そして科学的推論の新たな性格づけの要請、という順序で展開していったことになる。これらの展開は、われわれが第二章で見てきた、彼の認識論的立場の変化に並行して生じたものである。われわれはそこではこの変化を、プラトン主義的真理観にたった論理的直観の理論から、共同体的なプラグマティズムへの移行として理解した。それでは、こうした移行に並行して生じた彼の科学方法論の展開の実際はどのようなものであったのか。そして、それが、『一般理論』における彼の経済学の方法論として、どのように生かされることになったのか。

本章ではこれらの主題を取り上げてみることにする。以下で見るように、『確率論』以後の著作では、ケインズ自身の方法論にかんする説明は非常に断片的であり、われわれの側からある程度自由に補足的な肉付けを与えなければ、ほとんど輪郭もつかめないほどの簡単なスケッチにとどまっている。しかし、そうした補足を加えて解釈してみると、彼の『確率論』以後の理論には、現代のわれわれの目から見ても新鮮な、独創的な着想が含まれていることが分かる。われわれは彼の理論的軌跡のうちに、現代の科学論の推移の一つの原形ともいうべきものを、見てとることができるのである。

このことを確認するために、まず始めに、ケインズの『確率論』の科学方法論の具体的内容から考察することにしよう。

さて、『確率論』における帰納法の問題は、主としてその第三部「帰納法とアナロジー」で五章を費やして論じられているが、その議論の骨格は次の三点から構成されている。

(1)　われわれが過去の経験を通じて何らかの事象についての「一般化」ということをおこなう場合、この一般化の推論の形式は、「アナロジー」の構成ということに帰着する。そして、アナロジーの成立のために本質的に重要なのは、現象同士のあいだの「相違」をできるだけ厳密に認識するという、「否定的アナロジー(negative analogy)」の作業である。この否定的アナロジーに比べれば、対象間の普遍的一致を見出す「肯定的アナロジー(positive analogy)」の作業は、副次的な意義しかもたず、また、対象の数を増やして、より多くの事例を枚挙するという「純粋な帰納(pure induction)」の作業も、従来考えられているような本質的な役割は果たしえない。

(2)　アナロジーによる一般化が可能になるためには、われわれを取り巻く世界の根本的な存在論的性格にかんして、ある一定の前提が認められていなければならない。それは、われわれの帰納的推論が妥当性を保証されるための根本的想定としての、「帰納仮説(inductive hypotheses)」である。帰納仮説は、具体的には、世界が時空をつうじて、単純な性質の有限個の組み合わせとして同定できる「原子」からなるという点で斉一的である、とする「原子的斉一性」の仮説と、単純な性質の種類の数そのものが有限であるという、「有限な多様性」の原理という、二つからなる。

(3)　これらの帰納仮説はそれ自身蓋然性をもつものにすぎず、これらをアプリオリな真理として証明することはできない。したがって、帰納的推論の妥当性はどこまでいっても蓋然的である。これが、われわれが何らかの一般的知識に合理性を認めるということの、本質的な意味である。しかし、蓋然的な推論の基礎に蓋然的な仮説を認めるということは、決して循環的な事態ではない。というのは、これらの仮説は、それがいかに蓋然的なものであろうとも、われわれ自身それが蓋然的であるという当の事実を、「直接的に知る」ことができるのであり、それを経験を通じて学ぶわけではないからである。

これら三点のうち、まず、(1)のアナロジーとしての一般化という考えは、次のように論じられる。たとえば、「すべてのカラスは黒い」というような普遍命題を考えてみると、この命題のより正確な表現は、「すべてのxについて、xがカラスであれば、そのxは黒い」ということである。そして、この命題をさらにパラフレーズしてみると、「一つのグループをなすx同士のあいだに、それがカラスであるという類似性が成りたっているのならば、そのときにはそれが黒いという類似性も成立している」というかたちに言いかえることができる。そこで、最初の普遍命題は、ある対象群について二組の類似性の存在が認められ、それらの組のあいだに緊密な対応がある、ということを述べていることになる。ケインズのいうアナロジーとは、このような複数の類似性同士の共存ということである。

ところで、科学における普遍的な主張は、このカラスの例のような単純なものではなくて、ある現象とその現象の原因についての連関、すなわち何らかの意味での因果的、法則的結合を主張するものである。この結合は、さまざまな現象を証拠とみなして、その証拠を生みだす原因のほうを仮説的に設定することをつうじて確立される。たとえば、ウランを含む物質は、透過性の光を発し、X線のように写真板に物体の内部を写すことができる。このとき、写真板の像は証拠であり、この証拠を生みだしたのは、「物質がウランを含む」という原因である。われわれは写真板上の結果を見て、そのような結果を生む原因としての、ウランの存在を仮説的に想定する。このとき、われわれは、証拠に照らして、そのような原因を想定することが「合理的」であると考える。あるいは、そのような原因には、一定の蓋然性があると考える。いいかえれば、写真板上の証拠と、想定されている原因のあいだには、アナロジーが成立しているると考える。

それでは、このようなアナロジーを単なる可能な推測の一つに終わらせないで、その仮説が高い蓋然性をもつものと判断するためには、どのような推論が必要であろうか。われわれが、これらの仮説と証拠のあいだの関係について考えるまえに、すでに多くの知識をもっているとする。このとき、この背景的知識に照らして、証拠と仮説とはそれぞれの確率をもつことになる(証拠はすでに生じているのであるから、その確率は1であるようにも考えられるのであるが、ケインズの論理主義においては、確率はあくまでも命題同士の関係であり、より厳密には、知識と信念との関係であったこと(本書七五頁のテーゼ(2)と(5))を思いおこす必要がある)。このとき、証拠の確率はそれ自体としては非常に小さいが、それが仮説を仮定するときには、より大きくなるというのであれば、この仮説は説明力をもつことになる。すなわち、その仮説を受けいれることは合理的であり、証拠に照らした仮説の蓋然性は高いといえる。それゆえ、既存の知識から判断して確率の低い、およそありそうもないこと(証拠)が、仮説との共存によってその確率を増すかどうかを判断することが、一般化としての帰納的推論の核となるのである。[4]

ところで、ある証拠の確率がその仮説との共存によって高まるかどうかは、これらのあいだの共存の確認(肯定的アナロジー)だけで決定されるわけではなく、むしろ仮説に対抗する別の可能な仮説との比較によって決定されなければならない。たとえば、その物質がウラン以外の多くの原料からもなるとすると、類似の物質が集められてそれらの原料の種類が多様になり、その多様な可能な仮説との比較でウランの原因性が高まれば高まるほど、この仮説の証拠にたいする確率は高くなる。それゆえ、他の可能な仮説にかんするより多くの否定的なアナロジーが集積されれば、当の仮説の確率は高まることになる。

これが否定的アナロジーの意義である。(これにたいして、こうした否定的アナロジーをともなわない、ウランの存在と証拠との共存の事例数をただ増大するだけの、「純粋な帰納」は、意味がないことになる。)

しかしながら、このような推論が成立するためには、一方で、いくつかの条件がみたされる必要があるということが分かるであろう。すなわち、証拠とは独立に認識される仮説の確率(これを仮説の事前確率という)が、ゼロではない正の値としてあらかじめ特定されていなければならず、また、否定的アナロジーが意味をもつためにも、可能な仮説の選択肢の幅があらかじめ有限なものにとどまっていなければならないはずである。そこで、このような条件を確保するために挙げられるのが、(2)の「帰納仮説」である。

この帰納仮説の中心をなすのは、「有限な多様性の原理」、あるいはより正確には、「相互に独立な多様性にかんする有限性の原理(The Principle of Limited Independent Variety)」と呼ばれる原理である。ケインズによれば、あるシステムが相互にまったく異なった独立の対象からではなく、何らかの面で類似性をもつ、互いに連関しあった対象からなり、しかもそれらの対象全体のあいだに見出される多様性の数が、その構成対象よりも少ないとき、そのシステムは「有限である」とされる。有限なシステムにおいては、たとえその構成対象の数が無限であったとしても、それらを記述するための性質、特徴、あるいはそれらを生み出す「ジェネレイター」の数は有限である。

もしも、帰納的推論のために、あるシステムにおける何らかの事象の原因について仮説的に考えようとしても、この原因が有限な数のジェネレイターによって特定できなければ、その仮説の確率は確定できない。また、その仮説が他の仮説とともに、証拠にかんする否定的なアナロジーを構成するためにも、これらの可能な仮説全体が、この有限な数のジェネレイターに結びつけられるのでなければならない。したがって、この「有限な多様性の原理」が、右のようなアナロジーとしての帰納推理を成立させるための、必要条件となるのである。

(実際には、この条件は帰納的推論の必要条件をなすにすぎず、本当に仮説の事前確率が特定できるためには、個々のシステムにかんする背景的知識のレベルで、そのシステムに固有の現象の原因となるジェネレイターの数が、具体的に知られているのでなければならない。ケインズはこの条件を最低限みたすための工夫として、確率についての「無差別の原理(The Principle of Indifference)」を、「有限な多様性の原理」とは別に設定した。この原理は、基本的にはベイズやラプラスの「等確率の原理」の流れをくむものであるが、ケインズはこの原理が古典的確率論においては無反省的に使用され、その結果として、前章で見た「継起の規則」のような奇妙な規則の適用を許したと考えて、その原理の使用を大幅に制限しようとした。このような制限の必要は、彼の確率にかんする非数量性と関連性にもとづく多元的シリーズの考え(テーゼ(7)と(8))と密接に結びついている。しかし、この「無差別の原理」は、彼の関連性の理論をもってしても、明確には定式化できなかったように見える。[5])

ところで、仮説と証拠とのあいだに蓋然性の高いアナロジーの成立を発見しようとする帰納的推論は、それが科学的探究の主要な方法となるためには、さらにこのアナロジーが法則的一般性をもつものであることも、主張しなければならない。そのためには、システムに属する対象の性質の起源について、量的な観点から右のような制限が加えられるだけではなく、その時空を通じた不変性が認められなければならない。この条件を表わすのが、「原子的斉一性の仮説(Hypothesis of Atomic Uniformity)」である。ケインズはこの仮説を、「トータルな状態の変化は、複数の別個の変化から複合されたものであり、この別個の変化もまた、それに先行する状態の別々の部分によってのみ引きおこされるものである」と表現している。(6)この仮説をいいかえれば、個々の現象に先行する因果の連鎖は、それぞれ特定の性質をもった原子的な事象の連鎖であって、この時間的な継起のなかで、性質同士の有機的融合や新たな性質の発現をみることはない、ということである。複数の類似性の共存を主張するわれわれの「一般化」の作業は、これらの条件をみたすかたちでおこなわれてはじめて、「科学的な」分析としての資格をえるのである。

さて、それでは、われわれの帰納的推論がこのような帰納仮説を前提にせざるをえないとすると、これらの仮説そのものの妥当性はいかにして確保されるのであろうか。この問題を論じるのが、最後の(3)の議論である。

ケインズによれば、この帰納仮説の蓋然性は、個々の帰納的推論の妥当性とは独立に論証される問題であるから、この蓋然的な帰納仮説によって個々の帰納的推論が基礎づけられるとしても、循環の問題は存在しないとされる。しかし、彼は他方で、前章で見たように、ヒュームの懐疑論にたいするカントの超越論的論証が説得的ではない、とするのであるから、この蓋然性の基礎づけは端的にアプリオリなものであるわけにもいかない。すなわち、循環論証にも陥らず、超越論的演繹でもないような、第三の途によって帰納的仮説の蓋然性が確保されなければならない。そこで、こうした困難な目標のためにケインズが持ち出すのは、「われわれにとっての自然」はいわば「籠のような自然」である、というかなり微妙な議論である。

まず、われわれにとっての自然、あるいは宇宙が、時空的に原子的な斉一性をもつという前提については、ほとんどカントと同じような直観説が採用される。「われわれは、単なる時間と空間における位置が、他の諸性質にたいする決定因として作用を及ぼすことは、およそありえないと判断する。この信念は、それがいかにして経験に根拠をもちうるかを知ることは困難であるにもかかわらず、きわめて強固かつ確実であるように見えるのであるから、われわれがこの信念に到達するための判断というものは、おそらく直接的なものである(7)」。

一方、この世界が時空的な位置とは独立な性質をもち、また、これらの性質のジェネレイターの数は有限であるので、世界には有限な多様性しかなく、したがって、時空的に特定されうる点は、これらの多様性のゆえに単なる形式以上の内容をもった同一性を付与され、そこからこれらの原子について帰納的なアナロジーが設定できる、という点にかんしては、時空の独立性ほど確固たる保証をえることはできないとされる。われわれが考えることのできるさまざまなタイプの宇宙にかんして、帰納的推論が成立することは、「ほとんど例外的であって規則ではない」のである。

とはいえ、われわれの世界において「有限な多様性の原理」が成立している蓋然性がゼロでないことも、明らかである。なぜなら、科学的探究においてわれわれの一般化の知識がますます増大していることは、経験的に確かな事実であり、このことは、有限な多様性の原理の確率がゼロであるとすれば、説明できないからである。

したがって、われわれは世界が有限な多様性からなるものであることを、やはり、「何らかのしかたで直接知っている」ことになる。われわれが世界を構成していると考える原子は、このような知識のもとで付与される性質からなるところの、「法的原子(legal atoms)」である。(8)個々の法的原子は、他の原子とは独立に、不変なしかたで周囲に影響を及ぼしており、自然全体の変化はこれらの影響の総和として現われる。原子はそれ自体が一個の「原因」と呼ばれてもよいようなものである。原子が精神的なものであれば、それは個々の意識主体であり、物質的なものであれば、「われわれの知覚にたいして」小さな対象である、ということになる。

しかし、世界がこのような有限な多様性をもった原子からなることを、われわれが直接知っているのであるとすると、この直接知の「直接性」の証拠はどこにあるのだろうか。単にそれが科学の進歩によって知られるというのでは、直接的知識とはみなしえないであろう。ケインズはこのような直接知の一つの例として、われわれの心身の結合の事実を挙げることができると考える。われわれは、自分の場合とのアナロジーで、他人における心と身体との結びつきを蓋然的に認識するが、自分自身についてはたしかに、一個の精神の作用と身体の部分の変化との因果的結合とを直接的に認識している。とはいえ、いうまでもなく、この例はきわめて特殊な「原子」間の結合であり、一般の物質的原子同士の結合を、こうした例からアナロジーによって導くことはできないであろう。この世界が一般に原子から構成されていることを、直接に知るということは、やはりいかにも困難なことであるように思われる。

それゆえ、ケインズの主張は結局のところ、この原子仮説がわれわれによってたしかに知られているはずであるが、しかし現在のところ、この直接性の意味を掘りさげて分析する手だてはない、という一種の信念表明に終わることになるのである。

われわれが自分たちの現象的経験の本性を観察するとき、われわれは〔数学的認識のみならず〕この場合にも、〔原子的〕想定が正当なものであることについて、直接的な確信をもっている。われわれはいわば、自分の経験の対象の本性にかんする、直接的な総合的認識をもつことができる。しかし、私は、認識論という主題についてのわれわれの知識が、現在のようにあまりにも秩序を欠き、未発達な段階にあるかぎりでは、この問いにたいする決定的で、完全に満足のいく答えを与えることはできない、と信じている。われわれはいかなる種類の事柄について、直接的認識をもつことができるのか。今のところこの問いについては、適切な解答が何も与えられていない。したがって、論理学者がその固有の主題を離れて、こうした一般的な問題の個別的事例に解決を与えようとする場合、非常に弱い立場におかれるということになる。彼は、帰納的推論の使用が要請するように見える以上の想定にたいしては、いかなる種類の理由を与えることができるのかについて、〔哲学的な〕手引きを必要としているのである。

われわれはこの確信が、われわれの精神にひそかに現前している何らかの妥当な原理(some valid principle darkly present to our minds)から、その不可侵の確実性を得ているのだという信念を、捨てさる必要はない。たとえ今のところそれが、哲学の厳しい究明のまなざしをもってしても捉えられずにいるとしても。(9)

このように、『確率論』の科学方法論は、その最終的な基礎づけの部分で、その体系が未完成なものであることを容認している。それはいわば、カントとは別の「われわれにとってのカテゴリーの演繹」をおこなおうとしつつ、それが「現在の認識論の未発達」のゆえに不可能である、というのである。このことは、帰納法の基礎づけというテーマが、まさに哲学の長い歴史をつうじた「スキャンダル」であったことを思えば、けっして驚くべきことではない。ケインズもまたこの難問と格闘し、その結果一つの信念表明に終わらざるをえなかったわけである。

しかしながら、彼はある意味ではここでの難問と、それにたいする彼自身の信念とを、まさに「捨てさる必要はない」と述べたその言葉どおりに、最後まで完全には放棄してしまわなかったようにも見える。というのも(それこそが驚くべきことなのであるが)、以下の第3節で見るように、『一般理論』の方法論のなかには、彼がここで触れている「われわれの精神にひそかに現前している何らかの妥当な原理」に相当すると思われる考えが、姿をかえて再び登場することになるからである——。

2　ラムジーの理論と間主観的な確率解釈

さて、『確率論』は以上のように、いくつかの困難をかかえながらも、非常に周到に用意された議論を積み重ねた、重厚な内容と堅固な構成をもった理論体系であった。しかしそれにもかかわらず、ラムジーは『確率論』における論理主義的な確率解釈を全面的に批判した。

彼はこの批判をまず、その処女論文ともいうべき「確率にかんするケインズ氏の理論」(一九二二)という表題の書評で展開し、さらにこれを下敷きにして、ラムジー自身の確率解釈と帰納法の解釈を体系化したものをあわせて、「真理と確率」という表題の講演として発表した。この講演が、本章の冒頭で触れたモラル・サイエンス・クラブにおける講演である。

ラムジーはこれらの論文で、とくにケインズのいう論理的直観の可能性と、その直観が客観的であると同時に相対的でもあるという点を、いずれも受けいれがたいと非難したのであるが、そればかりではなく、部分的含意関係としての確率の定義、確率の数量化不可能性のテーゼ、知識と信念の関係としての確率など、およそケインズの理論の根幹とみなされるべき主張のすべてを退けている。そしてこれに代わるものとして、確率を複数の命題同士の部分的な含意関係という形式的性質とせず、むしろ端的に一つの命題についての個人的な「信念(確信)の度合」として解釈するような、心理的な確率の解釈を打ちだした。

簡単に彼自身の確率にかんする思想を要約すると、次のようになる。

われわれの思考を科学的に考察するためには、思考がいかなる行動を導くか、という行動主義的な観点からとらえられなければならない。ケインズの理論も、思考がいかなる行動を導くのか、というムーアの問題設定から出発したのであるが、この問題を命題同士の論理の問題と解釈したために、かえって行為と思考の結びつきを切断してしまうという、パラドキシカルな結果を生んだのである。

われわれの行為の選択は一般に、いかなる事柄を信じ、かつ、いかなる将来の事態の実現を希望するのかという二つの要素、つまり「信念」と「欲求」の組みあわせから形成されていると考えることができるが、この組みあわせの内実を、内観によらずに科学的に特定することはふつうには不可能である。そこで、この困難を回避するために、行為者がいくつかの選択肢のなかから選択をおこなうとすれば、それぞれにどれだけの「賭け金」を支払ってもよいか、という賭けにもとづく実験を課することによって、選択の背景にあるこれらの組みあわせを数量的に特定するという方法を考案する途が考えられる。

この賭けによって行為選択の心理的メカニズムを特定するためには、さらに、欲求の程度と信念の度合とを分離して計量するための工夫が必要となるが、このことは、行為者にたいする最小限の合理性の原則を要請することと、賭けの内容を特別に工夫することによって処理することができる。このような賭けの実験によってえられる行為者の信念の度合が、その人間のある命題の真理性(事態が実際に生じるであろうこと)の確信の度合としての「確率」であり、反対に、その命題が真となることを欲する度合が、その人間の「選好」あるいは「効用」の度合である。

人間の行動を導く思考のモデルがこのように、賭けによる実験をつうじて構成できることが分かれば、今度は反対に、いかなる確率と効用の組みあわせにもとづく行為の選択が合理的なものであるか、あるいは不合理なものであるか、という問題を解くことができる。というのも、その信念のシステムが確率算の公理や、効用関数の原則を破ったしかたで構成されている人物にたいしては、「汚い賭け帳(ダッチ・ブック)」による賭けの提案をおこなうことによって、その人物を負けつづけさせることができることが数学的に証明できるので、確率と効用についての整合性こそが、人間の思考の合理性のメルクマールであることが判明するからである(ダッチ・ブックの定理)。このことをいいかえれば、われわれは個人的にいかなる確率と効用をもとうとも、それらがその形式的な整合性を破っていないかぎりは、不合理とはみなされない、ということになるのである――。

さて、以上のようなラムジーの確率解釈は、現在では一般に「確率にかんする主観説(subjective

theory of probability)」と呼ばれるものであり、とくにこの解釈を導出するさいに彼が用いた「賭け」の議論が、その後のフォン・ノイマンとモルゲンシュテルンの「ゲーム理論」における効用測度の公理化や、サヴェッジの「意思決定理論」における確率測度の公理化の試みの発表とともに、これらに共通の先駆的理論として再発見されることになると、むしろこれらよりも洗練されたものとして評価されるようになった。さらにこの意思決定の合理性の根拠づけと、古典的確率算における「ベイズ・ラプラスの定理」の組みあわせによって、仮説の検証に関する一つのモデルが構築できることが主張されるにおよんで(いわゆる「ベイズ主義の検証理論」)、ラムジーは皮肉なことに、現代に復活した科学方法論としてのベイズ主義の元祖とさえみなされるようになった。(10)

このように、ラムジーの理論は一つの確率解釈の理論として、きわめて独創的かつ強力なものであり、彼はこうした新しい確率論を、ケインズの理論に密着しつつそれを完全に解体するという作業を踏まえることによって、作りだしたわけであるが、彼自身は自説の意義を次のような点に見出していた。

私の考えでは、確率計算にかんするこのような考えによって、これまで厄介なものと考えられてきたさまざまな困難を取り除くことができると思われる。まず第一に、この考えはこの計算の公理系の明快な正当化(すなわち、ダッチ・ブックの定理)を与えることができる。これはケインズ氏のようなシステムではまったく欠けていた点である。というのも、以上の議論によって、部分的な信念が整合的であればなぜそれがそれらの公理にしたがうものなのか、ということは容易に見てとれるのにたいして、ケインズ氏の不可思議な論理的関係がなぜそれにしたがうのかは、まったくあいまいであるからである。われわれはこうした関係の個々の事例についてあまりにも奇妙なくらい何も知らず、しかも、その一般法則にはあまりにも奇妙なくらい通暁しているというのである。第二に、無差別の原理は、もはやまったく無しですますことができることになる。われわれは、壺から黒玉が出るか白玉が出るかについてどのような予測をもつべきかを教えることが、形式論理に属する事柄とは考えない。そのような予測をおこなおうとする人の当初の予測は、整合性の枠内にあるかぎり、何であれ彼が好むがままであるだろう。……この無差別の原理を形式論理から追放できるということは、おおきな利点である。というのも、ケインズ氏が試みたように、その妥当性のために純粋に論理的な条件を確定するということは、かなり明瞭に不可能なことだからである。(11)

一方、ケインズはこのような批判を目のあたりにすることによって、自説の限界を認識し、ラムジーの理論に「承服する」と述べることになったのであるが、彼が実際にラムジーの批判を受けいれて、『確率論』の論理主義的確率解釈を放棄したことは、たとえば『一般理論』における次のような記述からも確かめることができる。（この文章は、われわれの投資行動が、現在の状態が無限につづくであろうという暗黙の根本的規約にもとづいているのであって、そうした信念を意識的にもっているためでもなければ、数学的期待値による計算にもとづくためでもない、という議論のなかに現われている。）

われわれの行動を合理化するために、無知な状態にある人間にとっては正負両方向の誤差が等しい確率をもつのであるから、等確率 (equi-probabilities) を基礎においた保険数学的期待値の平均

(mean actuarial expectation)に頼ればよい、ということもいえない。というのは、無知の状態に基礎をおいた算術的な等確率という考えがさまざまな不条理に導くことは、容易に証明することができるからである。(12)

ここでケインズが論じている「無知の状態に基礎をおいた等確率」という概念こそ、無差別の原理の源泉となったものであり、彼はそれをラムジーにならって全面的に廃棄するといっているのである。

ところで、ケインズはこのようにラムジーの理論の強力さを承認したのであるが、すでに見たように、このことが彼の確率解釈をラムジーの個人的な主観説へ転向させることになった、というわけではなかった。というのも、ラムジーの理論はそれ自体が人間の行為選択についての一定の理解――不確実な事態にかんする信念と選好にもとづいた期待値の計算――にもとづいていたのにたいして、ケインズはこのような期待値の計算というモデルが(たとえ無差別の原理を前提にしない、まったくの主観的な信念にしたがったものであっても)、実際の人間の行為選択の心理的なメカニズムの説明図式としては、現実性をもたないと考えたからである。

『一般理論』第一八章における「三つの基本的な心理的要素」において示されているように、「消費性向」や「流動性選好」、「長期的期待」という、不確実性にたいする行為選択のための共通の心理的メカニズムは、規範への暗黙的な依存と個人的な恣意的判断(アニマル・スピリッツ)との協同によって構成されているのであり、その結果生じる具体的な計算は、「美人コンクール」によって象徴されるような、「平均的期待についての平均的期待の形成」という論理によって表現できるようなものである、というのがケインズ自身の考えた行為選択の図式である。

この図式においても、それぞれの期待は個人的な信念(と欲求)にもとづくものであって、何らかの客観的、論理的根拠にもとづくものではないから、結果として生じる確率は基本的には主観的なものである。しかし、それは個人個人の独立の期待の度合ではなくて、共同体全体の期待についての推測であるから、個人が問題にしているのは、純然たる主観的確率ではなくて、むしろ「間主観的な確率(intersubjective probability)」なのである。しかも、実際に有効な確率は、これらの間主観的な確率が共同体全体としてはどのようなところに落ち着くのか、というものであるのだから、個々人はそれぞれのしかたで「複数の主観的な確率の集約(pooling)」を試みようとしていることになる。いいかえれば人々は、ケインズが言うように、「すでに三次元のレベルで考えて」いるのであり、「何人かの人々は、さらに四次元、五次元、あるいはそれ以上の次元で考えている」のである。間主観的な確率は、それゆえ、ラムジーが提案したような純然たる個人的な主観的確率とは異なって、本質的に不安定な、とらえどころのないものであるということになる。

それでは、もしもわれわれの行為選択が、このような不安定な確率を基礎においたものであるとしたならば、その場合にも、この計算図式にしたがった「合理的な選択」のメルクマールを特定することはできるのであろうか。ラムジーはダッチ・ブックの定理を用いて、人間の合理的な意思決定の一つのモデルを構成することに成功したが、同じことが、このような間主観的な解釈にもとづく確率論からも可能になるだろうか。

ケインズはこのような問題を実際には論じているわけではないが、彼がラムジーの理論を「合理的な信念」の形成原理の「根底」にまで届いていないと批判するのであれば、このような間主観的な確率解釈のもとでの合理的信念形成の条件について、さらに言及することがあってもよかったのではないかと思われる。というのも、彼はラムジー以上に、ベイズやラプラスらの古典的確率主義の思想に通じていたのであるから、いわば、ラムジーの理論のベイズ主義的検証理論への拡張に対応するものを、このような間主観的な確率を基礎にした理論においても構成し、「社会的ベイズ主義」の理論として、一個の合理的理論選択のモデルを考えることが、当然できたはずであると予想されるからである。[13]

ここでは、ケインズの独自の確率解釈の理解を深め、同時に、『一般理論』における実際のケインズの方法論の特徴を捉えるための一つのステップとするために、こうした社会的ベイズ主義の方向での科学方法論の可能性について、簡単に考えておくことにしよう。

問題は、ある共同体における信念確率の合意形成のプロセス、あるいは、相互交渉をつうじた「総体的信念確率」の形成のプロセスにかんして、何らかの合理性の条件を設定することができるであろうか、ということである。このような問題にたいして容易に思いつかれる方法は、二つある。一つは、形成されるべき総体的信念確率、つまり間主観的確率そのものについてのダッチ・ブックの定理を構成し、そこから導かれる信念の条件を特定するという方法であり、もう一つは、確率の集約がある一つの信念確率に実際に収束することをもって、その信念が合理的であるということの意味であると理解し、そうした集約がなされるべき理由を挙げるとともに、実際にそうした集約が収束することを数学的に証明する方法である。(前者の方法はいわば、ケインズとラムジーの発想の折衷であり、後者の方法は「平均的期待の平均的期待」というケインズの概念の算術化である。)

第一の方法については、非常に単純な証明を構成することが可能である。たとえば、ある共同体に属するメンバーA、Bが、賭けの胴元Cにたいして、ある事象の成否についての賭けを行う場合、ABがともに同じ確率による賭けを行わないかぎり、CはABにたいして巧妙な掛け金の提案を行うことによって、その事象の成否がいかなるものと判明しようとも、総体として儲けを得ることができるということが証明できる。この証明は、メンバーの数がいかに多くなっても成立する。したがって、ダッチ・ブックの定理を応用したこの議論によれば、共同体のメンバーはたがいに等しい確率をもつことが合理的であり、反対に、ばらばらの確率をもつことは不合理だということになる。(14)

第二の方法はもう少し複雑である。ある共同体においてさまざまな情報についての意見交換が十分になされるものとしよう。このとき、その共同体の各メンバーは、一つの可能な事象なり仮説なりについて、ある信念の度合をもつことになるばかりではなく、その共同体の他のメンバーの信念の信頼性(重み)を判断することができる。そこで、各メンバーは、他のメンバーの信念の度合にそれぞれの重みを掛け、それらを加重平均したものを求めることができる。もしも、各メンバーがこのような計算によってえられる値に自分の信念を修正しあうならば、これらの修正をつうじた信念のすりあわせは、最終的に一つの信念の度合に収束することが、数学的に証明可能である。そして、各メンバーがこうした加重平均にもとづく修正を行うことの合理性は、そのメンバー自身の信念の整合性によって説明できる。というのも、そのメンバーが他のメンバーの信念に一定の正の値の重みを認めながら、そのことを自分の信念の吟味に加算することを拒むことは、自分自身の信念の一貫性を破ることになるからである。したがって、この議論によれば、メンバー同士の加重平均をつうじた信念の収束が、合理的な信念の形成の方法であるということになる。[15]

さて、これら二つの方法は、社会的確率の合理性をたがいに異なった角度から説明しようとするものであるが、いずれも数学的な証明によって明確なしかたでその合理性の根拠を明らかにすることができる、という利点をもっている。前者の方法にしたがえば、共同体は一つの信念確率を共有することがまさに合理的であるということになり、後者の方法によれば、最終的に共通の信念確率にいたることが、共同体の情報交換をつうじた信念の修正のプロセスの合理性のメルクマールということになる。これらの結論は、多少異なった議論によって導かれているが、その結論が共通の信念への一致というところに落ち着くところは同一であり、その同一の結論のために、数学的な証明が援用されるというところも共通である。

さらに、こうした数学的な厳密さだけではなく、これらの方法は、われわれの現実の合意の論理に具体的な光を当てることができる、という長所ももっている。たとえば、第一の方法は、寡占状態にある業界における健全な競争と、外からの新たな参入防止のための戦略モデルとして説得性をもっており、さらには、特定の条件下での賃金交渉の合理的な決着のための根拠として用いることもできると考えられる。他方、第二の方法に関しては、それが早くも一八世紀に、古典的なベイズ主義の提唱者の一人であるコンドルセにおいて、その独自の「社会数学(mathématique sociale)」という研究プログラムのもとで、(たとえば議会における正当な投票の論理などとして)形式化されることが試みられたという事実からも明らかなように、主観的な確率と統計的な処理という二つの顔をもつベイズ主義の発想に非常に合致しやすい方法である、という特性をもっている。[16] この点はとくに、今日における投票や選挙の

「トポロジー」の発想のみならず、ベイズ推定の方法にしたがった「エキスパート・システム」の形成のための数学的分析として展開されており、今後とも非常に洗練された形式化を促すというポテンシャルをもっているように見える。(17)

このように、ケインズの間主観的な確率という発想を、社会的な合意の合理性の論理として展開するという試みには、たしかに魅力的な面があると思われる。しかしながら、他方で、このような方法がわれわれの「合意の合理性」というものの直観的な意味理解と、根本のところで大きな食いちがいを見せていることは、やはり見逃すわけにはいかない欠陥である。

そのもっとも重要な点は、「意見の一致」と「合意の合理性」とはかならずしも同じものではない、という素朴な事実である。これらの方法では、結論として一致した意見に到達しないことは、その合意のプロセスが不合理であったことを含意するが、こうした含意はわれわれの直観的理解に大きく抵触する面をもっている。とくに、寡占状態の維持や賃金についての合意のような限定された目的を離れて、これらの理論を科学的仮説の検証のプロセスの一般的モデルとして考えれば、これらの方法の不条理さはより明らかになる。われわれは仮説の検証の目的が、検証する共同体の意見の一致そのものにあるとは考えないはずである。(第二の方法が「専制」を導きがちであることは、たとえばアローの「民主制の不可能定理」によって、今日ではよく知られている。)

さらに、第一の方法では、ダッチ・ブックの定理を適用するためには、共同体のメンバーは情報を十分に共有しているばかりではなく、効用にかんする選好についても共有がなされていなければならない、ということが要請されるが、これらがダッチ・ブックの議論のような形式的な証明のみで達成されるかどうかは、きわめて疑わしい。また、第二の方法では、他のメンバーについての重みをどのように構成するかについて、具体的な方法が明らかではなく、むしろ合意の達成のために重みの付値に形式的な観点から制約がつけられざるをえないが、このことも、実際の信念の集約のプロセスの論理化としては不適切である(専制を避けようとすれば恣意的な条件をつけ加えなければならない。また、エキスパートによる意見交換にたよっても、その集約のためのベイズ推定の形式はきわめて人為的である)。したがって、これらの方法の実際の適用にはいくつかの無理がともなうことになるが、このことは別の角度からいうと、こうした共同体の合意の合理性のモデルでは、各メンバー自身はその信念の修正のプロセスそのものを、主体的に合理的なものと判断することはできない、ということを意味している。これらのモデルでは、合理性は形式的な価値に還元されて、認知的な価値をまったくもたないのである(ラムジーの個人的な理論ではこうした問題はおこらない)。

こうして見てくると、間主観的な確率概念を基礎において、その信念形成の合理性の論理を明らかにするという試みは、そのいくつかの魅力にもかかわらず、やはり重大な欠点をもつものとみなさざるをえないであろう。とくに最後の点は、事実としてのわれわれの信念形成のありかたと、規範としての合理性のあいだのギャップであると理解して、その乖離を無視しうると考えることのできるようなものではない。いかに暗黙の規約に由来するものであっても、規範が規範として機能するためには、それにしたがう者の認知的な確認の可能性がともなわれていなければならない。この精神的要素を考慮せずに、事実的経験と規範とのすきまを数学的論証で埋めようとすることは、まさに、ケインズがラプラスやティンベルヘンについて批判したように、経験と数学との根拠のない結合を認めることである。それは結局のところ、間主観的な判断の合理性の可能性を、「証明しすぎている」ということになるのである。

3　モデルとサンプル

さて、以上の社会的ベイズ主義の検討は、あくまでも、ケインズの間主観的な確率概念という発想を、『確率論』における「確率主義」の方法論の延長上に構想してみると、どのような理論化の可能性があるだろうかという、一つの仮想的な検討をおこなってみたものにすぎない。すでに断わっておいたように、実際のケインズは、『一般理論』のなかで、このような経験科学の方法論にのっとった理論構成を目ざしたわけではない。

ケインズがこうした可能性について当然承知していたであろうと思われるにもかかわらず、実際にはこのような方向での合理的信念の形成に、かくべつの興味をしめさなかった理由はいくつか考えられるが、その一つの理由は、われわれが右に確認したように、この方法では、合理性の追究ということが、数学的な工夫に還元されてしまって、われわれの認知的な了解の次元を捨象してしまうことになる、という点にあったであろうと思われる。『確率論』で彼が強調していたように、合理性はわれわれの「推論」にそくして問われるものであり、その推論がたとえ個人的かつ直観的なものではなく、規約に支えられた共同体の推論にかんするものであっても、その具体的な追究は、あくまでも個々の人間によってになわれなければならないのである。

数学的な総体的信念形成の方法にたいして考えられるもう一つの拒否の理由は、ケインズの確率解釈における「多元論」にもとめられるであろう。この多元論は、『確率論』では、複数の命題グループ(とそれにもとづくシリーズ)相互の異種性ということによって主張されていたのであるが、『一般理論』では、多元性は三つの心理的要素の相対的独立性と相互の連関というかたちに、読みかえられていた。そこでは、それぞれの共同体的規約にもとづく不確実性への対処にみられる、心理的同型性が指摘されるとともに、それぞれが一つの社会における異なった階層の心理として、別々に分析しうることが認められている。このような、多元的なグループの連関からなる共同体全体の合理性の確保のメカニズムは、以上に見てきたような数学的な論理では、まったく処理できないのである。

(ケインズの経済理論が、多元的な階層からなる一つの経済社会全体についての、総括的な分析であること――つまりマクロ的な分析であること――は、多言を要しないが、彼がそれゆえに自分の理論を「一般理論」と呼んだことについては、その方法論の観点からみても十分に注意されるべきである。[18])

したがって、『一般理論』の実際の方法論においては、ケインズはその理論構成の合理性を、間主観的な期待を構成しようとしている個々の認識主体にとって了解可能な、具体的な理解をともなったかたちで展開しなければならず、しかも同時に、異種的な要素の連関のメカニズムを説きあかすようなしかたで、社会全体のモデルを作らざるをえない。これが、ラムジーの一九二六年の批判をきっかけとして共同体的な認識論に転換した結果、彼の方法論にたいして要請されている条件であるということになる。これは、帰納法の哲学的正当化という伝統的な問題とは別の問題であるが、困難さにおいてはそれに匹敵するような、きわめて深刻な難問をかかえるということを意味している。

それでは、経済現象の全体論的分析を目標とする『一般理論』の実際の方法論は、どのようなかたちで立てられているのであろうか。それは、われわれの複雑にからみあった社会現象というデータにたいして、いかにしてそのモデルを構成する方途を見出すのだろうか。いいかえれば、この理論は「経験的事実とモデル」の関係をどのように捉えているのだろうか。

残念ながら、われわれが『一般理論』のテキストをこのような角度から考察しようとしても、『一般理論』の具体的な分析のなかに、こうした方法論的反省の視点を読みこむことはなかなか困難である。ケインズはこの著作で、なによりも、彼のいうところの「古典派経済理論」との論争にその関心を集中しており、そうした経済学内部の理論対立を離れて、より一般的な知識論としての反省にはあまり熱意を示していないからである。しかしながら、かなり大部なこの著作のなかで、経済学の方法論について正面から論じたほぼ唯一の箇所と思われる、次のような叙述は、われわれに多くのことを語っているように思われる。少々長くなるが一つのパラグラフをそっくり引用してみよう。

(以下のパラグラフは、第五篇「貨幣賃金と物価」の三番目の章「物価の理論」に含まれている。この第五篇は、われわれが本書第二章で見た「雇用の一般理論再説」のあとにくるものであり、「再説」で要約されたそれまでの経済システムの理論をもとにして、賃金や物価の変化がそのシステムの諸要素に具体的にどのような影響をおよぼすか、あるいは反対に、どのような原因からこれらの変化が生じるのかを論じる、応用的な部分である。とくに、次の文章は、完全雇用状態のような単純化をゆるさない条件のもとでは、貨幣供給の変化と物価の変化の関係に関して、五つほどの要素が複雑にからみあう、ということを説明するための前置きとして書かれている。)

これからこれらのおのおのについて、順に考察することにする。しかし、このような手順がとられるからといって、そこから、これらは厳密にいえばたがいに独立なものであるという想定をしてもよい、というふうに考えてはならないのである。たとえば、有効需要の増加がその結果としてもたらす産出量の増加と物価の上昇との割合は、貨幣量が有効需要量に関係するしかたに影響する可能性がある。あるいはまた、異なった生産要素の報酬が変化する割合の相違が、貨幣量と有効需要量の関係に影響する可能性もある。われわれの分析の目的は、何らかの無謬の答えを与えてくれるような一つの機械、あるいは盲目的な操作の方法を提供することではなくて、個々の問題について考えぬくための組織だった、秩序のある方法(an organized and orderly method)を提供することである。そして、われわれが複雑にからみあった要素を一つ一つ孤立化させることによって、一つの暫定的な結論にいたったのちには、自分のその結論に逆らうかたちで(go back on ourselves)、できるだけそれらの要素同士のあいだに、考えられうる相互作用(probable interactions)の余地を残すようにしなければならない。これが経済的思考の本性である。われわれの思考の形式的な諸原理を適用するこれ以外の方法は、われわれを誤謬に導くであろう(ただし、そうした形式的原理なしには、われわれは森のなかで道にまよってしまうであろうが)。われわれが本章の第六節で示すような、経済分析の体系を形式化する記号的・擬似数学的方法(symbolic pseudo-mathematical method)は、関係する諸要素同士の厳格な独立性をあからさまに想定することによって、この仮定が否定されるときにはそのすべての妥当性と権威とを失ってしまうという、大きな欠点をもっている。これにたいして、日常の言説(ordinary discourse)においては、われわれは盲目的に操作をしているのではなく、自分が何をしていて、言葉が何を意味しているのかをつねに認識しているので、必要な保留や限定、あるいはあとになって加える必要があるかもしれない調整を、つねに「頭のかたすみに」置いておくことができる。われわれはこれと同じように、偏微分はすべてゼロになると想定する代数のテキストの数頁「背後」に、複雑な偏微分を置いておくということはできないのである。最近の「数学的」経済学のあまりにも多くのものは、それが立脚している最初の諸前提と同様に不正確な、単なるこしらえ事であり、その作者はもったいぶった、役にもたたない多くの記号の迷路のなかで、現実の世界に存在するもろもろの複雑さとの相互依存関係を見失いながら、平然としているのである。(19)

ここでケインズはまず、数学的な方程式によって示されるような経済要素同士の連関の記号的分析は、たがいに独立な要素からなる「機械」の作製のようなものであり、その適用は現実にたいする盲目的な操作を導くだけである、と批判している。彼はそのうえで、われわれに必要とされるのは、「個々の問題を考えるための、組織だった秩序のある方法」を提示することであり、そのことは、形式的な原理にのっとった「暫定的な結論」を形成すると同時に、その結論を現実へ適用するにさいして一定の限定や調整をゆるすようなかたちへと、それをもう一度いわば解体しなおすことによって行われる、といっている。

ここには経験的事実にかんする理論化をめぐる、非常にデリケートなテクニックが要請されているのであるが、われわれはなぜこうした手つづきを必要とするのだろうか。また、そのような手つづきによって作られるモデルの特徴とは、いかなるものなのだろうか。これらの点については、「雇用の一般理論再説」の章での、われわれがすでに見た体系、すなわち、所与と独立変数と従属変数からなる体系の作成が、いかなる理論的作業であるのかを説明した、ケインズの解説が参考になる。すなわち、彼はそこで、経済諸要素の連関を一つの体系として提示することは、「現実のきわめて複雑な推移」のなかでの「諸問題」を吟味するために、「われわれの実践的な直観にとって」それよりももっと処理しやすい素材としての、「図式(schematism)」を与えることである、と述べている。つまり、経済学の理論モデルは、現実の構造を忠実に写しとり再現した、機械的な模型であるというよりも、その簡略化された略図、あるいは素描であり、しかも、それが素描であることが、その絵そのものにおいて示されているべきであるという。われわれはそれが素描であると認識しているがゆえに、形式的な分析と具体的な状況とを「実践的な直観」によって橋わたしすることができるというのである[20]。

それでは、このような素描としての現実のモデルは、実際にはどのように構成されるのだろうか。あるいは、図式としてのモデルは、現実とのどのような認識論的関係にたったものとして、構成されるべきなのであろうか。この点について、ケインズはさらに、右のテキストで、われわれの「日常の言説」における、さまざまな保留や限定を「頭のかたすみに」おいた言葉の使用ということを、例としてひきあいにだしている。われわれは日常的な言語の使用においては、言葉の意味がどの範囲までおよび、それをつかって自分が何をしているのかを知っており、形式的な記号の変換のように、盲目的な操作をおこなっているのではない、と彼はいう。しかし、この日常言語についての議論と、理論モデルの構成という主題との関係は、右の引用だけではかならずしも十分に明快であるとはいえない[21]。

そこで、右の引用をおぎなうためのもう一つの資料として、『一般理論』完成にいたる三年間のケインズの大学での講義記録のなかで、彼が同じく経済学の思考方法を問題にしつつ、それが「機械的な」ものではないことを論じている類似のテキストも参照して、この日常言語とモデル構成のつながりの問題を、より一般的な観点から考えてみることにしよう（以下は、一九三三年ミカエルマス学期の四回目の講義の一部である）。

経済学においてはどの程度の精密さが賢明なのであろうか。スコラ主義におちいる危険性というものがある。「その本質は、あいまいなものを厳密なものとしてあつかうことである」。一切の事柄をカヴァーするような一般化は不可能であり、また実用不可能である。経済学における一般化とは、サンプルによる思考であり、一般化による思考ではない。機械的な論理の利用の余地はなく、それを用いるとしても、それは一般的使用のためではなく、サンプルのために用いるのである。……たとえばマーシャルは、その用語を厳密に使用するための努力を何もはらっていないが、彼の意味するところはつねにその文脈の豊かさによって理解することができる。このことは、何人かの作者が作りだしているまことしやかな厳密さよりも、よほどすぐれている。というのも、読者にとっては、用語が厳密なものであると想定することで生じがちな誤解におちいることがなく、むしろ、文脈と思想全体から厳密さをおぎなって考える必要があるからである。……人間の頭には、灰色の、ぼやけた、不明確さという怪物がすんでいる。経済学のような複雑な主題において必要なことは、一方で不明確さを、他方でスコラ主義をさけようとすることである。経済学においては、思考は真の一般化によってなされるというよりも、むしろサンプルによっておこなわれるのである。あなたはつねに、自分のサンプルとしている事例が、自分の結論に関連のあるものか無関連なものであるのかについて、注意しなければならない。[22]

さて、この文章でも(マーシャルの理論の例をひいて)、経済学における理論化では、日常言語の使用と同じように、文脈や理論全体によって個々の言葉の意味が理解されるようになっていなければならないとされているが、ここでは、日常言語のもう一つの特徴として、「真の一般化」と対比されるところの、「サンプルによる一般化」ということがいわれている。したがって、前の引用文での主張とあわせてみると、ケインズのいう理論化の方法論には、日常言語の使用と類比的に理解されるような、図式あるいは素描の使用と、サンプルによる一般化ということが含まれていることになる。われわれはこれらを総合したところに、彼のいう「経済的思考の本性」を見なければならないのである。

この問題を解きほぐすために、ここでは次のように考えてみることにしよう。まず、真の一般化とサンプルによる一般化の問題のほうから考えると、この対比は一見したところ奇妙なものに感じられる。というのも、『確率論』における一般化の方法は、「籠のような自然」のなかからそのサンプルを取りだして、それを証拠として、籠のなかの玉の色の割合についての仮説的一般化をおこなおうとするものであり、まさしくサンプルによる一般化にほかならなかったからである。しかしながら、日常言語の使用におけるサンプルの役割は、実はこうした「確率主義」の発想にぴったりと合致するものではない。たとえば、「鳥」という言葉を考えてみると、この言葉は、ハトやカラスやツバメなど、多くの種類の生物を一般化した類概念であり、この言葉をつかった表現(「多くの鳥は空を飛べる」)は、自然についての一つの一般化である。しかし、この一般概念としての「鳥」は、その外延としていかに無数の鳥の種類を含むとしても、そのサンプルとなる種類はかぎられている。われわれは「多くの鳥は空を飛べる」という命題の、鳥という言葉の意味として、たとえばハチドリやペリカンを考えることはふつうない。それらは、鳥の一種類ではあるが、その標準的なサンプルではない。

このことを、現代の認知言語学では、日常言語の類概念が「プロトタイプ」をもつ、といういい方をする。われわれは鳥という概念、あるいはカテゴリーを習得するときには、スズメやハトのような典型的なサンプルを参照しながら、この概念を学ぶ。そして、この概念が習得されてしまうと、われわれのこの言葉の理解のなかでは、プロトタイプとしてのハトやスズメを中心にして、無数の鳥の種類が放射状にひろがって一つのシステムをなしている。このカテゴリーにおいて、さまざまな鳥の種類は、「鳥らしさ」という尺度で直線的にならべられているのではなく、中心にあるいくつかのプロトタイプから順番に、さまざまな類似性をもとにひろがりをみせて連なっているのであり、それらの類似性そのものが多くの箇所で交差している。われわれの類概念は、さまざまな類似性の網にささえられた、一つの立体的な空間である。[23]

この考えかたによれば、一般者としての概念とその範型(サンプル)の関係は、籠のなかの玉の組成の割合とその抽出例というものではなくて、ネットワークとしての概念空間と、その空間の中心、あるいは重心という関係にたつ。サンプルは算術的な意味ではなく、幾何学的意味をもっている。そして、この幾何学的空間を構成する論理は、等質的延長ではなくて、それぞれの項のあいだの「家族的類似性」

である。現代の認知言語学のこの考えかたは、いうまでもなく、後期ウィトゲンシュタインのこの概念論に源泉をもつのであるが、しかし、日常言語における類概念のこうした理解は、もっと古くからあり、すでにヒューウェルの帰納法の哲学において指摘されている。すなわち、彼はその『帰納的諸科学の哲学』で、「一般名辞の使用を支配する類似性の観念について」という主題を取りあげて、「事物の種類の名前は、その定義ではなく使用によって支配されている」と主張するとともに、「われわれの誰であれ、イヌについての正しい言明をおこなうことはいくらでもできるが、その定義を与えることのできる者などいるだろうか」と述べているのである[24]。

さて、これが日常言語におけるサンプル、プロトタイプ、あるいは範型の意味である。このサンプルのありかたにならって、「サンプルによる一般化」の方法を考えてみよう。『確率論』のアナロジーとしての帰納法の理論では、たとえば、「すべてのカラスは黒い」という一般化が意味するのは、ある集合のなかの複数の対象について、カラスという類似性と黒いという類似性が併存しており、そこに類比が成りたっているということであった。しかし、右に見たようなサンプルの考えを採用すると、このような一般化の作業は意味をなさなくなる。たとえば、「多くの鳥は空を飛べる」というとき、そこで言及されている複数の対象には、「鳥」という一つの類似性が見出されているのではなく、さまざまな無数の類似性の立体的なネットワークが認められているのである(したがって、日常言語の「談話の宇宙」では、「有限な多様性の原理」は妥当しない)。

それでは、「多くの鳥は空を飛べる」というような命題の形成は、どのような論理にしたがうとされるべきなのだろうか。一つの考えかたは、鳥という概念に属する対象には、過去の経験にてらして、非常に多くの性質を帰属させることができるが、そのうち将来にかんしても観察が予期される性質をとくに選択する、という考えかたである。われわれは、過去の経験的な知識から、それらの対象のもつ性質のいくつかが、将来にたいしても「投射可能(projectible)」と判断して、その性質をとくに主語となる概念に述語づけるのである。

この解釈は、われわれの経験をつうじた帰納的一般化が、未来の予測という役割をもつという考えにはうまく適合する。とはいえ、ある概念のもとに属する対象は無数の類似性の交差があるという、いま問題にしている事実を考慮すると、この考えにしたがった一般化は、ある概念を主語とした命題において、複数の述語づけをゆるし、しかもそれら同士は背反的な関係にたつ可能性があるという、重大な困難をひきおこす。そこで、この困難を回避しようとすれば、われわれは選ばれるべき述語が、単に対象同士の知覚的類似性において主流をなしている性質を表わすばかりではなく、その言葉が言葉として、言語共同体の歴史的文化的伝統において、「堅固な」地位をしめている、という事実にうったえなければならない。すなわち、知覚上の類似性に言語文化的な特徴を重ねあわせたところに、日常言語における一般化が成立するというのが、この考えかたである。[25]

この考えはたしかに、ケインズが採用している共同体的認識論にスムーズに合致するところがある。とくに、規約にもとづいた平均的期待についての平均的期待の特定、という前節で見た蓋然的推論を、言語的表現の構成の論理におきかえると、このような分析がもっとも有効なものといえるかもしれない。しかし、この考えでは、一般化の作業の「合理性」は、言語文化における伝統そのものに還元されてしまうという問題が残る(つまり、「意見の一致」こそ「合理的な合意」であるという、前節に見た考えと重なってしまう)。このみかたでは、ケインズが注目した日常言語のもう一つの特徴である、「あとになって加える必要があるかもしれない「調整」を予期する」という面が生かされないのである。

そこで、日常言語における調整可能性というこの特徴のほうから、一般化の別の論理を考えてみよう。そのさいに、われわれの日常言語におけるサンプルが、一般概念の学習の出発点における中心的役割と、習得された概念空間における重心という、二重の性格をもつことに注目しよう。

もう一度「鳥」という一般概念の構造を考えてみると、われわれはこの概念をスズメやハトなどの、身近で非常にしばしば観察しうる対象を題材にして学習し、それを基礎にしてサギやオウムのような、より観察の機会のすくないものにまで、この概念を適用することを経験をつうじて習得していく。そして、最終的には、フラミンゴやコンドルのような非常にめずらしい種類も含んだ、一つの立体的な概念空間を体得するということになる。このとき正確には、体得された概念空間においても、最初の学習のプロトタイプであったハトやスズメが、そのままその中心に位置していることになるとは、かならずしもいえない。学習の結果構成された概念空間のなかでは、スズメは中心から離れたところに位置し、空間の中心には別の種類が占めているか、あるいはその中心となる具体的な種類は存在しない、ということも考えられる。

したがって、日常言語の類概念のプロトタイプは、その学習の過程と体得されたシステムとでは、異なったサンプルを取りうることになる。いいかえれば、概念空間の重心は変化しうるのである。この重心の変化は、鳥という概念内部での類似性のネットワークそのものが作りだす、中心の移動によって生じる。それは、知覚に与えられるさまざまな鳥がもつ性質同士の交差が、おのずから導きだす重心である。

ところで、こうして構成された概念空間の中心に位置するプロトタイプに相当するものが、実際には具体的に存在しないという場合、鳥についての一般的言明は不可能になってしまうかといえば、そうではない。というのも、鳥という概念空間は一方で、それと対立する哺乳類や魚といった他の類との対立関係にたっており、その関係との参照において、全体としての特徴をもちうるからである。この鳥や哺乳類や魚からなる体系は、しかし、一つの概念内部の構造のような放射状のネットワークからなる立体的な構造をもってはいない。それはたとえば生物という始点から枝わかれしていく、樹状構造をもった、有限の数の結節点からなる体系である(樹状的分類法にはかならず最下位の種がなければならず、この体系には有限な多様性の原理が妥当する)。

したがって、鳥についての一般化が成立するのは、その内部から形成される類似性の重心と、その外部との関係において特定される差異によるということになる。いいかえれば、知覚的類似性のネットワークの焦点と、樹状的な分節的構造との重ねあわせという、二重の作用の結果として有意味な一般化がなされることになる。この一般化は必然的にあいまいさを残す(たとえば、「多くの鳥は空を飛べる」のように)。というのも、この一般化は、肯定的アナロジーと否定的アナロジーのような同種の論理の複合ではなくて、知覚的性質の空間と分類的構造という異なった論理の複合の産物だからである。その意味で、この一般化は「真の一般化」ではない。

このことはしかし、こうした日常言語の一般化が無意味な、役にたたない作業であるということではない。反対に、こうしたあいまいな一般化は、より厳密な科学的法則化のための発見的なモデルを提供し、同時に、日常的な生活での便宜を確保しつつ、より精密な観察のための動機をも形成する(もう一度ヒューウェルを引用すると、「クジラは動物学では哺乳類であり、商業においては魚である」)。それは、われわれの多面的な精神活動に柔軟に対応可能なものであるために、必然的に略図であり、素描であるようにつくられたところの「図式」である。ケインズのいう「実践的な直観」が要請する一般的信念の形式は、このような何重かに複合的な論理の重ねあわせを含むものであり、その合理性は、多様な精神活動への適用可能性ということに帰着するであろう。

――さて、以上のような分析も、前節での考察と同様、ケインズの着想をわれわれ自身が肉づけした、一つの仮想的な理論設定である。実際のケインズは、このような具体的な議論を展開しているわけではなく、ここでの分析もこの着想を多少とも分かりやすいように分節化してみたものにすぎない。しかし、このような考えを彼の後期の理論に読みこむことには、少なくともいくつかの正当化が可能である。

一つは、たとえば、彼の『一般理論』の実際の理論展開の順序というものに、この知覚的学習経験から理論的再編成への漸次的な重心のおきかえという考えの、具体的な適用が見てとれるのではないかという点である。

『一般理論』のさまざまな分析のなかでも、とりわけケインズ流の「心理的期待」をもとにした経済分析の手法が発揮されているとされるのが、第一二章の「長期的期待の状態」である。ここで彼はわれわれがすでに見た、規約とアニマル・スピリッツによる資本投資の論理を説明しているわけであるが、奇妙なことにこの章には、第一一章「資本の限界効率」が先行していて、そこでは、投資の規模が利子率と、資産の価格と予想収益の関係とによって決定されるという、(新)古典派的な想定があたかも妥当であるかのように論じられている。ケインズはこれらの二章のあいだを、「さらに詳細に考察しよう」という言葉で結んでいるだけであるが、この対立する視点を並置した二章の関係は、なかなか理解しにくいものになっている。

しかし、この二章の関係を、先行する章がいわばわれわれの「学習過程において意味をもつ知覚的性質」を示すものであり、後続の心理的分析をその重心をかえた理論的再構築とみれば、この二つの関係はより明らかになるのではないか。すなわち、第一一章の分析は、投資家たちにとって「あたかも」経済的事実がそれによって成立している「かのように見えている」現象の法則を述べたものであり、第一二章の分析はこの現象的あらわれの真のメカニズムを記述するものであると考えるのである。ここでは、投資市場における専門家の投資という一つのサンプルをつかって、資本投資の理論モデルの具体的な構成の手順が示されているのである。(26)

われわれがケインズのうちに右のような方法論を読みこむもう一つの理由として、『ケインズの講義』のテキストにおける「真理と確率」以降のラムジーの議論の重視を考慮するならば、彼がラムジーの「理論」をめぐる考察にたいしても、一定の注意をはらっていたとしても不思議ではない、という事実がある。ラムジーは一九二九年の「理論」と題された論文において、われわれの理論体系を、個別的な観察言明を表現する「一次システム」と、その経験的内容に対応する部分を存在量化した「二次システム」という、二重の「談話の宇宙」からなるものとみなしたうえで、それらを「辞書」によって結びつけることによって、具体的な法則や経験的帰結を導きだすという、かなり形式的な議論を展開している。われわれがここで試みたのは、そのような二重の構造の重ねあわせということを、日常言語のレベルにもどって解釈するという方法である。[27]

(また、さらにつけ加えるならば、共同体的視点からする科学の論理を標榜する現代における代表的理論家である、トマス・クーンが、そのパラダイム理論の発展のすえに、最終的にここで述べたような、サンプルによる一般化の論理を目ざすようになったという、ケインズに直接関係してはいないが、われわれにとって興味ぶかい事実もある。よく知られているように、クーンは、その『科学革命の構造』において、科学の合理性をパラダイム内属的なものとする、一種の社会的な相対主義を主張したのであるが、彼はこのパラダイム概念を洗練していく過程のなかで、「専門母型」という名の、共同体に共有された数学的・実験的範例という考えにいたり、さらにそれを解体して、「レキシコン」と「レキシコン的知識(lexical knowledge)」を核とした、分類法(taxonomy)としての科学という理論にいたりついた。このことは、共同体的認識論にもとづくケインズの方法論の着想が、現代においても十分に魅力ある理論的源泉になりうることを示しているはずである。[28])

いずれにしても、『一般理論』のケインズの科学方法論をこのような視点で理解してみると、『確率論』からここにいたるまでの彼の理論転換が、いかにドラスティックなものであったかが知られるであろう。彼の方法論の軌跡は、いわば、原子論的自然観のもとでの確率主義的一般化の立場から、日常言語的流動性のなかでの構造的分類の構成へという、ゲシュタルト変換を成しとげたと考えることができる。それは、本来確定しているはずの客観的世界の構造にかんして、有限な知識をもつ人間の能力に相対的な、「合理的」信念を形成するという方法から、本来流動的な世界のうちに、いくつかの相対的に独立な領域を見出し、その領域同士の転移の論理を特定する、という方法への転換である。

間主観的確率という発想は、この客観的世界の確定性というものをつきくずし、共同体において交換される個々の信念が、不確定的な期待というものと不可分に結びついたものであることを知らせる役割を果たした。そして、この不確定的な期待の網目の多元性から、それら同士を結びつける論理の究明という、新しい目標が照らし出されたのである。

われわれはしかし、一方で、このような転換にもかかわらず、この経緯のうちで、一貫して保持された認識論上の問題意識というものが存在していることにも気づかされる。それは、科学の本質をアナロジーとして捉え、このアナロジーの構成原理を徹底的に究明しようとする関心の持続である。ケインズはこのアナロジーの原理を、『確率論』においては「帰納的仮説」としてまとめたのであるが、この仮説のさらに根底にあると想定される、「われわれの精神」に「ひそかに現前している」原理の本性を突きとめるまでにはいたらなかった。ところが彼は、『一般理論』に結実する経済学の方法を反省する過程のなかで、この原理を最終的に、日常言語におけるプロトタイプとしてのサンプルの形成と使用、という働きに見出そうとした。それはまさに、われわれの日常言語の使用においてつねに現前していながら、けっして形式的なかたちでは意識化されることのない、アナロジーの原理である。そしてそれはまた、われわれが個々の認識主体としての個別性を主張する以前に受け入れていながら、その改変の可能性を個別的、主体的に追求することのできる原理でもある。その意味で、この原理の発見は彼にとって、ムーアの哲学を出発点として、認識の個別性と一般性との関係を焦点にして展開されてきた、長い哲学的反省の過程の、一つの到達点ということにもなるだろう。

結び　新しいモラル・サイエンティスト

一九〇三年、ムーアは『プリンキピア・エティカ』を、ラッセルは『数学の原理』を出版した。ケインズはそれを、「感動的で陶酔的、一つのルネッサンスの始まり、地上における新しい天国の開始」であると受けとめた。彼の『確率論』は、これら二人の理論を総合して、「蓋然性の度合をあつかう新しい種類の論理学」を構築することを目ざしたものであった。

一九一五年、ケインズは『確率論』の主要部分を、前年にほぼ完成していた。しかし、大戦が勃発してすべてが一変した。彼は「今のところラッセルと私とは哲学を放棄しています」とウィトゲンシュタインに書きおくった。このときの様子をブロードは、「ケインズ氏は、そうした無邪気な楽しみから、突然友人のバイクのサイドカーに乗せられて、ロンドンのその筋の人々のもとへと連れさられてしまった。ラッセル氏は、(外国為替と同様に)ショックを受け、それ以来そのショックから完全に立ち直ることはなかった」と報告している。一方、ウィトゲンシュタインの方は、戦場における捕虜として暮らすなかで、「非常に多くの論理学の仕事をなしとげ」て、それを『論理哲学論考』として完成させつつあった。

一九二一年、ケインズは『確率論』を、ウィトゲンシュタインは『論理哲学論考』を出版した。しかし、ケインズはそれに先だつ『平和の経済的帰結』によって、すでに政治経済学者として成功をおさめており、ウィトゲンシュタインの方は、『論考』によって「問題は本質的な点で最終的に解決されたのだと考え」て、哲学の世界から足を洗ってしまった。それは、ケインズがそのなかで育ったケンブリッジの哲学の運動の一つの終結であった。

一九二九年、ウィトゲンシュタインがケインズらの協力によってケンブリッジに戻り、ラムジーとともに哲学を再開。ケインズは、「ウィトゲンシュタインは、時の車がすぐそこまで来てしまわないうちに、次の著作がはたして完成するのかどうかと、自問している」と報告し、その「次の著作」の出版のために協力しつづけることになる。スキデルスキーは、このウィトゲンシュタインの復帰が、「ケインズの哲学への愛にふたたび火をともした」と解釈するとともに、「ラムジー、ウィトゲンシュタイン、スラッファがケインズとともに確率について討論した有名な昼食」について言及している(1)。

一九三八年、ケインズはハロッドへの書簡のなかで、「経済学は論理学の一分野であり、モデルを用いた思考の科学である。それは本質的にモラル・サイエンスであって、自然科学ではない」と書き、その『一般理論』が論理学であり、かつモラル・サイエンスであることを明言する。この年、ウィトゲンシュタインは『哲学探究』の前半部を完成しつつあったが、彼はそのなかで『論考』の「論理」観を全面的に批判し、「論理が崇高なものである」という思想こそ、彼がラッセルとともに共有した根本的な誤りである、と述べるとともに、言語とは「生の形式」を基礎においた人間の相互交渉の無数のゲームにおいて用いられる道具であるという、「言語ゲーム論」を展開した——。

われわれは本書の冒頭で、ブレイスウェイトによるケインズ追悼文を参照したうえで、ケインズがそのなかで育まれ、彼みずからが追究していった「モラル・サイエンス」とは何であったのか、という問いを立てていた。そのさいとくに問題になったのは、なぜモラル・サイエンスが人間科学、あるいは精神科学でありながら、同時に論理学の研究でもあるのか、という謎であった。また、ケインズが若き哲学者から経済学者へと変貌しながらも、その経済学を最後まで「思考の科学」と呼んだことにも、何らかの説明を必要としていた。彼が最終的に到達したモラル・サイエンス観とは、結局、いかなるものであったのか――。われわれは本書をつうじて、主として『確率論』と『一般理論』の認識論や方法論を検討してきたのであるが、これまでの多角的な検討によって、われわれの最初のこうした疑問はどこまで答えられることになったのだろうか。

ここでは本書の結びとして、この問題を、右に年代を追って要約した、ケインズとその周囲の哲学者の足取りと絡めて、最後にもう一度彼の哲学的ミリューに戻って考えてみることにしよう。

さて、われわれはすでに第一章の末尾で、ケンブリッジの哲学の運動の大筋を要約しておいたのであるが、これまでの考察を含めて、ケインズと哲学者たちの軌跡を今一度右のように要約しなおしてみると、そこからあらためて浮きぼりにされるこの過程の第一の特徴は、ケンブリッジの「モラル・サイエンス」の追究の運動が、その当初の熱狂にもかかわらず、一旦はきわめて大きな挫折をこうむることになった、ということである。そのことは、「ラッセル氏は、諸々の論理学の本が、「人間は理性的な動物である」ということを繰り返し言明することによって、自分を欺いていたことを知ったのである」、というブロードの言葉にもっともあからさまに示されているが、同様の事情はケインズにもウィトゲンシュタインにおいても認められる。彼らはその三〇年代のテキストにおいて、さまざまなかたちで厳しい自己批判を表明している。道徳哲学や数学の哲学を含む科学一般の哲学的・論理的基礎づけを、確固とした明晰な概念の体系化によってなしとげようとした彼らの当初の試みは、(その前提となった「人間本性についてのいつわりの合理説」のゆえに)、明らかに失敗したのである。

しかしながら、この失敗にもかかわらず、ウィトゲンシュタインはやがて再び哲学に復帰し、ケインズもまたそのかたわらで、彼の著作の完成に手を貸しつづけながら、みずからの経済学の完成を見ることになった。右の要約から読みとれる、もう一つのストーリーは、再出発したケンブリッジの哲学の世界における、ケインズとウィトゲンシュタインの密接な思想的交流である(さらにつけ加えるならば、ラッセルもまた一九四八年に、『人間の知識・その範囲と限界』を出版して、ケインズの『確率論』における方法論の企てを全面的に引きついだのである)。この再出発した哲学において、論理学や思考の科学はどのようなものになったのか。われわれはまずそのことを、ウィトゲンシュタインの『探究』における『論考』の「論理」概念の批判と新しい論理観の説明から、捉えてみなければならない。ウィトゲンシュタインは『探究』のなかで次のように書いている。

われわれには、論理学がとくに深遠なもの、すなわち、普遍的な意味が与えられているように見えた。……なぜなら、論理的な考察はあらゆるものの本質を探究するからである。それは、ものごとをその根底において見ようとするのであるから、あれこれの現実の出来事にかかずらわってはならないと考えられた。〔そして〕、思考の本質である論理は、一つの秩序、世界と思考に共通でなくてはならない可能性の秩序、最高度に単純な秩序を描き出すもののように見えた。……それはしかも、もっとも具体的な結晶体であり、もっとも固いものとして現われた。

F・P・ラムジーは、あるとき私との対話のなかで、論理学が一つの「規範学(normative science)」であることを強調した。そのとき彼の念頭にあった考えがどのようなものであったのか、私は知らない。しかし、この考えはまちがいなく、私があとになってはじめて分かるようになったことと密接に結びついていたのである。それはつまり、われわれは哲学のなかで言葉の使用法を、しばしば固定された規則にしたがうゲームや計算と比較するけれども、それだからといって、その言葉を慣用にしている人が、そのようなゲームを行っているはずだとまではいえない、ということである。……われわれは、論理の内部で一つの理想言語について述べているように見えることがある。あたかも、われわれの論理が、いわば空虚な空間のための論理であるかのように。しかしながら、論理学は、自然学が自然現象をあつかうような意味で、言語、あるいは思考をあつかうのではないのであるから、われわれがせいぜいいえることは、われわれは理想言語を構成する、ということである。[2]

ここにはいくつかのことがまとめて述べられているが、ここでのわれわれにとって重要なのは、次の三点である。(1)論理学、すなわち思考の科学は、自然科学ではないので、空虚な空間や具体的な人間の現実を超えた世界をあつかうものではない。(2)とはいえ論理学は規範科学であるから、「理想」を描きだそうとする。ただし、その理想は結晶した、単純なものではない。(3)論理学はいわば結晶体を発見するように、思考の規則を「発見」するのではなく、むしろわれわれにとっての理想であるそれを、「構成」するのである。

思考の規則を明らかにする論理学は、その根底に倫理学や美学という人間の規範的反省意識を認めたしかたで構成されるが、[3]その実際の構成は、現実の思考の形態のうちにさまざまな理想的(理念的)モデルの複雑な交差を解読するというかたちでなされる。ウィトゲンシュタインは、このような入りくんだ性格をもつ論理学の必要性とその目指すべき目標とを、次のように説明している。

> われわれを煩わしている混乱は、いわば言語が空回りしているときに生じるのであって、言語が働いているときに生じるのではない。われわれが自分たちの言葉の使用法を展望していないということ、このことがわれわれの無理解というものの一つの源泉である。われわれの文法には展望性が欠けているのである。これにたいして、展望のきいた叙述は理解を仲介するのであるが、この理解はまさに、われわれが「連関を見て取る」ということにおいて成立する。したがって、重要なのは、連結のリンクを見出し、それを案出することである。[4]

言語をかたちづくる複雑な文法(規則)の網目のなかに、展望のきいた連関を見て取り、さらにはその空回りの治療のために必要とあれば連結のリンクを案出すること。これが後期のウィトゲンシュタインのいう、諸々の言語ゲームの理念型の構成としての論理学である。それは精神による思考のなかに、結晶体としての確固たる論理的本質を探究することではなくて、現実の思考の働きに見通しのよい展望性をもたせることである。「われわれの提供しているのは、がんらい人間の自然誌(natural history)のための諸考察であるが、それはもともと誰もが疑わなかったことの確認であり、つねにわれわれの眼前にあるために、注意されることのなかったことの確認である[5]」。

したがって、論理学は人間の現実の思考のありさまの「説明」でもなければ、「矯正」でもない。それは思考そのものの「理解の仲介」である。しかし、論理学はそれ自身が言語によってなされるのであるから、それは無関心で中立的な事実の記述にとどまることもできない。「哲学は、われわれの言語という手段を用いた、われわれの知性を惑わしているものへの戦いである[6]」。

さて、ウィトゲンシュタインのいう論理学の意味を以上のように理解してみると、それが精神科学、あるいは人間科学としての「モラル・サイエンス」といかに内在的に結びついたものであるかは、もはや十分に明らかであろう。それは、思考の空回りを人間精神の倫理的、価値的な理想への顧慮のもとで批判的に評価するという意味で、すぐれて規範的な営みである。しかも、それと同時に、それが最終的に「人間の自然誌」として構成されるかぎりでは、論理学は一方で社会理論という性格もあわせもつことになる。それはまさしく、ケインズが強調した、思考の科学であって同時に「現代社会に関連性をもった」、精神科学そのものにほかならないのである。

さらに、このような人間の自然誌の構成が、「注意を怠らない観察」あるいは「洞観」によってのみ可能になるような、「モデルを選択する技術」と結びついたものであることも、このウィトゲンシュタインの論理学の方法と一致している。それは、ケインズにおいて具体的には、前章で見たようなサンプルの選択と、そこから構成されるモデルの評価の方法として提案されたものであるが、それと同じことが、ウィトゲンシュタインの言語ゲームの記述としての言語分析の方法にも認められる。彼はゲームの連鎖としての言語の性格を際だたせるために、さまざまな「プリミティヴな」言語ゲームを考案し、それらのあいだの差異と類似性を見て取らせようとした。そうしたプリミティヴなゲームの構成は、「言語の働きを洞観」しつつ、「一つの表現形式を別のもので置き換えることによって、われわれの言語のさまざまな領域で用いられる表現形式同士の、ある種のアナロジーから生じる誤解を除去し」、それによって「ハエにハエとり壺からの出口を示してやる」ためなのである。(7)

したがって、後期ウィトゲンシュタインの論理学の思想とケインズの思想のあいだには、単に個人的な交流と影響関係という以上の、密接な結びつきが明らかに存在している。そこにはたしかに、同一の精神科学のヴィジョンが共有されているのである。とはいえ、いうまでもなく、彼らの思想がまったく同一のものであったというわけではない。何よりも、ウィトゲンシュタインの哲学は、人間の思考一般の普遍的媒体である「言語」を分析しようとする言語哲学であるのにたいして、ケインズの経済学は、人間の精神活動を労働や消費、投資や投機の場面で分析しようとする、「貨幣」の科学であるからである。そこで、ケインズ自身の精神科学の特徴を捉えようとすれば、われわれはやはり、貨幣にかんする彼の基本的な理解を問題にしないわけにはいかない。

後期ウィトゲンシュタインにとって、一つの言語システムを理解するということは、一つの生の形式を理解することであり、「言葉」とはこの形式に埋めこまれた無数の言語ゲームにおいて使用される「駒」のことであった。これにたいして、ケインズにとっては、貨幣はいかなるものとして特徴づけられたのだろうか。この問題をすこしでも正面から考えようとすれば、われわれは『一般理論』の貨幣論のみならず、それに先行する『貨幣論』にまで踏みこんで考察しなければならないが、いうまでもなくここでは、そうした考察はまったく不可能である。そこでとりあえず、『一般理論』の要約的な再説を試みた論文「雇用の一般理論」のなかの、次のようなケインズの説明のみで満足することにしよう。

よく知られているとおり、貨幣は二つの主要な目的に役立つ。それはまず、会計上の貨幣としての役目を果たすことによって、さまざまな交換を容易にするのであるが、この場合、そもそも貨幣が実質的な対象として舞台に登場すること自体は、かならずしも必須ではないのである。この面では、それは意味のない、あるいは本当の影響力をもたない一つの便宜的手段である。第二にそれは、富のたくわえ(store of wealth)である。このことはしばしば、何の面白みもない事実として語られる。しかし、古典経済学の世界では、それに何という馬鹿げた役割が割りふられているのだろう！というのも、貨幣が富のたくわえとしてはまったく不毛なものであることは、それのよく知られた性質であるからである。これにたいして、貨幣によらない富のたくわえのほとんどすべては、何がしかの利子や利益を生むのである。精神病院の外にいる者で、誰が貨幣を富のたくわえの手段にしようとするであろうか。

われわれが部分的には合理的な根拠から、また部分的には本能的な教えにしたがって、貨幣を富のたくわえとして所持しようと欲する、本当の理由はこうである。それはわれわれが、将来にかんする自分自身のさまざまな計算や規約にたいして抱いている、不信感のバロメーターなのである。貨幣にたいするこの感情そのものが、規約的であるか、あるいは本能的なものなのであるが、それはいわば、われわれの諸々の動機の深層において働いているのである。たくわえとしての貨幣は、より上層にある、もっと心もとない規約がその力を弱めた場合に、世話を引き受けることになる。現実に貨幣を所有していることは、われわれの不安を静めてくれる。したがって、われわれがそれを手放すさいに求めるプレミアムとは、われわれの不安(disquietude)の度合の尺度なのである。(8)

貨幣は、われわれの通常の理解に反して、物々交換のスムーズな進行のために導入された便宜的手段ではない。それは、われわれの将来の不確実性にたいする備えであることに、その本質的な機能をもっている。そして、われわれの将来への不安、気づかい、懸念は、将来の外的、客観的状況そのものがいまだ知られていないということだけにもとづくのではなく、われわれの予想のための計算の正確さにたいする不信と、その計算を有効にするためのより一般的な規約的条件の不安定さ、という精神的要素の不確実さにも起因する。

「不安」とは、個々の人間が現にある世界のなかで将来にむけて精神を働かせるときの、基本的な態度の本質である。それは、単なる個人的な感情の問題ではなくて、未知なる客観的状況と精神的状況の、それ自体未知なる複合へと向かう精神の「構え」の別名である。その構えのなかでは、主体的な計算と、それを有意味なものとする規約と、さらにそれが直面する外的状況とが、同等の資格でからみあっており、しかもそのいずれもが確固たる安定性や信頼性をもってはいない。貨幣がそのような構えを支える備えのバロメーターであるとすれば、それはこれらの三つの側面のいずれについても、「世話を引き受ける」ことができなければならないであろう。

さらに、計算と規約の不確実性に対処する貨幣は、個々の計算や規約の不安定性、信頼の欠如という問題ばかりではなく、さまざまな規約同士の横のつながりにたいしても、その不確かさを克服するという役割をになっている。貨幣というバロメーターによって表現されるわれわれの将来への態度決定は、賃金の受給からさまざまな財やサーヴィスの売買、貯蓄、投資、投機など、多くのかたちをとって現われるが、これらの経済行為のカテゴリーは、それぞれが独自の規約のもとで遂行されており、そこに共通する唯一の規則があるわけではない。それゆえ、規約としての規則にもとづいた経済行為は、それぞれたがいに重なりあい、交差しあいながらも、あらかじめ用意された基礎のうえで、たがいの結びつきを確保するわけにはいかない。これらの規約の網目をまさに網目としてつなげあい、それによって「経済行為」という生の形式のための「一つの世界」を構成することも、貨幣の役割である。

ケインズの経済学は、貨幣についてのこのような理解にもとづいた社会理論である。具体的にはこの理論は、われわれの不安にたいする備えを手放すことから要求される「利子率」の生成から貯蓄の決定へといたるメカニズムを説明し、そこからさらに、貯蓄の量と利子率とから貸付や投資の決定へ、そして、投資の量から資産の決定へ、というしかたで、それぞれの経済行為のカテゴリーのあいだの連関のメカニズムを描きだす。それは、各々独立した行為の規則と、その規則の適切な運用についての暗黙の了解を含んだ経済行為同士のあいだに、(とくに利子率という不安の容認の対価を巻きこんだかたちで)いかなる連鎖が成立しているのか、ということを理解させようとするものである。

しかもそれは同時に、これらの経済行為の一々について、それがいかに人間の心理的要因に支配された(その意味で合理主義的認識論の立場からは根拠を欠いた)、不安定なものであり、あくまでもその背後にある「深層」の規約である貨幣の体系をまってはじめて成立できるものであるかを、説明する。それゆえこの理論はまさに、貨幣が個々の経済行為の媒体であるとともに、それらの行為同士の連関の道具であり、しかもその連関が個々の行為における貨幣の機能を保証してもいるという、経済世界の有機的一体性を浮きぼりにするのである。

したがって、この経済行為の世界は、言葉を駒として行われる言語ゲームの連鎖としての、われわれのコミュニケーションの世界と対置される、一つの生の形式である。言語においては、ある言葉の意味の不明は別の言葉による説明によって補われ、言葉と言葉の連関の欠如は言葉そのものによって埋められる。同様に、異なった種類の経済行為同士のあいだのすき間を、別の経済行為が埋めることができる。そのかぎりで、経済的世界は言語世界に類比的なしかたで自律的である。

しかしながら、一方で、これらの世界はいずれも「空回り」することがある。それは、これらの世界が自律的であって、それ以外のものに根拠をもたないという当の本性に由来する危険性である。ウィトゲンシュタインは、この言語の世界における空回りが、「私は途方に暮れている」というかたちで生じるものであると述べた[9]。言語はその意味の理解をたがいに保証しあうが、それと同時に、誤った表面上の類似性のゆえに、そこにはつねに概念的混乱の可能性が胚胎している。その混乱には軽微なものもあるが、きわめて深刻な、体系的な概念的混乱もありうる。そこで哲学は、「われわれの理解を仲介する」ために、「われわれの言語という手段を用いた、われわれの知性を惑わしているものへの戦い」という姿勢をとる。

それでは、貨幣という規約が支え、また構造化する経済世界における「空回り」とは何であろうか。

そして、この空回りする経済世界にたいして、モラル・サイエンスとしての経済学はどう立ちむかうのだろうか。ケインズは右に引用した「雇用の一般理論」において、この問題を次のように論じている。

〔現在は未来のための有力な指針であり、現行の経済指標が将来についての正しい評価を示し、たがいに平均的意見に近似しようとすることによって規約的な知識を形成するという〕三つの原理にもとづいた、将来にかんする実践理論は、いくつかのいちじるしい特徴をもっている。とりわけ、それはこのようにもろい基礎のうえに立っているのであるから、突発的で激しい変化に翻弄されやすい。落ちつきをもち変動しない、確かで安全な行為は、突然に崩壊する。新しい恐怖と希望が、前ぶれもなく人々の行動を支配するであろう。幻滅の威力が、突如として、新しい価値判断の規約的基礎を与えることになるかもしれない。立派な取締役会やきちんと統制された市場のために作られた、これらのこぎれいで上品な技術は、崩壊の危機に瀕するであろう。……〔ところで〕たしかに、これらの行動こそ、われわれが市場においてとっている行動であるとしても、われわれの市場での行動を研究するために考案される理論そのものが、市場の諸々の偶像に屈するべきではない。私は古典的経済理論が、それ自身、われわれは将来についてほとんど何も知らないのだという事実に目をつむることによって現在に対処しようとするところの、これらのこぎれいで上品な技術の一つになっている、という点を非難したいのである。(10)

経済世界は自律的であるが、そのことはそれが「自己調整的(self-adjusting)」であることまでを意味しているわけではない(11)。さまざまな不安に対処するために諸々の規約に依拠し、それらの規約を貨幣という「深層」の規約によって結びつけ、構造化し、機能させている世界は、「将来についてはほとんど何も知られていない」というその規約の根本的源泉のゆえに本質的に不安定である。しかしそれがさらに、その根源を忘却することによって不安に対処しようとしているならば、単に不安定であるばかりでなく自己欺瞞的である。「現在の経済指標は将来の見とおしについての正しい判断を含んでいる」というような想定は、こうした自己欺瞞の典型であり、それを自明のように前提にした経済行動の理論的分析は、さらにそうした欺瞞の強化という働きをすることになる。

したがって、ケインズにとっての「われわれの知性を惑わしているものにたいする戦い」は、こうした強化された自己欺瞞としての経済理論への批判というかたちをとらざるをえない。すなわち、「市場の諸々の偶像」への拝跪を先導する理論的作業への挑戦、という姿勢をとらざるをえない。その意味で、彼がその主著である『一般理論』の「序文」の冒頭を、次のような言葉で始めたことは示唆的である。彼はそのモラル・サイエンスの理念にのっとって、まさしく文字どおり「われわれの知性を惑わすものにたいする戦い」として、『一般理論』を書いたのである。

本書は主として、私の仲間である経済学者たちにむけて書かれたものである。私は本書が他の人々にも理解可能であろうことを希望している。しかし、その主要な目的は、理論上の困難な問題をあつかうことにあって、ただ副次的なかたちでのみ、この理論の実践への応用をあつかうのである。というのも、もしも正統派の経済学が誤ったものであるのならば、その誤謬は、論理的整合性のために非常な注意をはらってうち立てられた上部構造にではなく、その諸前提の明晰さと一般性の欠如のうちにこそ見出されるべきであるからである。それゆえ、私は経済学者たちを説得して、彼らの根本的な前提を批判的に再検討させるという自分の目的を、高度に抽象的な議論と、また多くの論争をもってしてでなければ、達成できないのである。(12)

はたしてケインズが、この「論争をつうじた説得」に成功したのかどうか。また、そもそも彼自身の理論の前提には、伝統的な理論を超える「明晰さと一般性」が備わっていたのかどうか。さらには、経済世界のモデル化としての彼の理論が、その理想化の作業を根本において動機づけている理念にまでさかのぼって、その構成をおこなうことに成功したのかどうか。これらはまた別個の問題である。(13)

われわれにとって重要なのは、あくまでも、ムーアの思想から出発したケインズの哲学が、その三〇年にわたる理論的格闘の果てに、最終的に一つの精神科学の新しいヴィジョンに辿りつくことができたのではないか、という事実のほうである。

彼の哲学はその当初から、定義不可能な諸「概念」からなる科学としての哲学を構築し、それによってわれわれの日常的、常識的な判断を含む、人間の精神活動一般を説明するような認識論的基礎を提供する、というケンブリッジの哲学の目標のもとで方向づけられていた。ケインズはこの目標のもとで、ムーアとラッセルの理論を総合して、蓋然的判断を含むひろい意味での「合理性」の形式化を、確率の論理学として体系化しようと試みた。しかしながら、蓋然性、あるいは不確実性を、現実世界を超越した命題の世界に定位し、その認識を「論理的直観」という特殊な認識能力に帰着させるこの試みは、結局誤りであることが認められるようになった。

この誤りは、ウィトゲンシュタインの『論理哲学論考』とケインズの『確率論』とを同時に批判した、ラムジーによって指摘されたのであるが、ラムジーの個人主義的プラグマティズムの洗礼をうけた二人は、共同体における合理性の確保のメカニズムを分析するという、新しい「論理学」のヴィジョンによって、ラムジーの立場そのものの限界を乗りこえる方向に向かった。『確率論』において不確実性と合理性との結びつきを命題の世界にさぐろうとしたケインズは、十数年後には、この超越的世界を離れて、貨幣が構造化し維持しようとする経済世界のうちなる「不安」と「規約」との結びつきを、内側から解明し、その不合理性の危険を洞察するという「思考の科学」を考案した。それは論理的分析というものを、現実の人間世界の生きた論理の理解の仲介として解釈する、新しいモラル・サイエンスの誕生であった。

この新しいモラル・サイエンスにおいては、かつて一八世紀にニュートンに類比的なかたちで考案されたヒュームやリードのモラル・サイエンスのように、人間精神について自然科学と同じ実験科学を確立する、という目標は掲げられていない。また、二〇世紀初頭のムーアやラッセルのように、ニュートンの演繹的体系性を論理学の領域で確保し、それを基礎にして精神科学を構築する、という目標も廃棄されている。しかし、こうした伝統的な科学観の放棄は、一方で、実際に人間精神が働いている現場における人間精神そのものによる内在的な批判、すなわち、自己理解、点検、治療という、生きた精神の働きを提示することのできる哲学の構築という面をともなっていた。ケインズはこのような哲学の可能性を、伝統的な意味での論理学者から経済学者へと脱皮するという複雑な過程のなかで、突きとめることができた。彼のモラル・サイエンティストとしての自覚は、あるいは当時の周囲の者たちにとって多少とも唐突な、奇妙なものに映ったかもしれないが、彼の思想的軌跡をよりひろいコンテキストのなかで、その端緒から辿りなおすことのできる今日のわれわれの目から見れば、その自覚にはたしかに十分な根拠があった、というべきではないだろうか。

彼はかつてムーアの哲学のなかに、「一つのルネッサンスの開始」を見た。しかし、ルネッサンスという言葉が本来「再生」ということを意味しているのであれば、このような可能性の発見こそがまさに、一旦は挫折した哲学の運動の再生への第一歩という意味で、彼自身にとっては真の「一つのルネッサンスの始まり」を告げていたはずである。

注

序　ケインズの哲学的ミリュー

(1)　これらの追悼文の多くは、Charles R. McCann, Jr. ed., *John Maynard Keynes: Critical Responses*, London: Routledge, 1998, vol. 4, *Obituaries and Final Assessments* に収録されている。以下の『マインド』の記事もその一つである(初出は、*Mind*, vol. 55, no. 219)。

(2)　Bertrand Russell, *Autobiography*, London: George Allen and Unwin, 1967, p. 69(日高一輝訳『ラッセル自叙伝』第一巻、理想社、一九六八、八三頁)。

(3)　「モラル・サイエンス」という言葉の定義については、次章の注(15)を参照されたい。そこで示されているように、この言葉は「精神科学」と訳されるべきであって、「道徳科学」と訳すことは不適当である。この点はすでに、三上隆三『ケインズ経済学の原像』(日本評論社、一九八六)において明快に指摘されているにもかかわらず、今なお時として「道徳科学」という言葉が用いられているのは残念である。

(4)　この「問題」については、Adam Smith, *The Works and Correspondence*, eds., D. D. Raphael and A. L. Macfie, Oxford: Clarendon Press, vol. 1, *The Theory of Moral Sentiments*, 1976 につけられた、ラファエルらの解説を参照されたい。また、本書では一三五頁で、ケインズのスミス解釈に触れている。

(5)　正確には、モラル・サイエンシーズの試験には法学も含まれる。この学科創設のエピソードについては、注(7)のガーランドの著書の他、Peter R. H. Slee, *Learning and a Liberal Education: The Study of*

Modern History in the Universities of Oxford, Cambridge and Manchester, 1800–1914, Manchester University Press, 1986. J. B. Schneewind, *Sidgwick's Ethics and Victorian Moral Philosophy*, Oxford University Press, 1977 などが参考になる。

（6） ヒューウェルは Philosophical Society of Cambridge の創設者の一人でもある。彼の大学改革論は、William Whewell, *On the Principles of English University Education*, London: John W. Parker, 1837 (reprint, London: Routledge/Thoemmes Press, 1994) に見られる。またヒューウェルの思想全般については、M. Fish, *William Whewell: Philosopher of Science*, Oxford University Press, 1991 がもっともまとまった解説であろう。

（7） Martha McMackin Garland, *Cambridge Before Darwin: The Ideal of a Liberal Education, 1800–1860*, Cambridge University Press, 1980.

（8） Christopher Brooke, *A History of the University of Cambridge*, vol. 4, *1870–1990*, Cambridge University Press, 1993, pp. 437 f. ケインズは、『人物評伝』に収められた「アルフレッド・マーシャル」において、「一八八〇年代後半のマーシャルの講義には、一〇人前後のモラル・サイエンシーズの学生と二〇人前後の歴史学の学生が参加しているのがふつうであった」と書いている。彼はそこで、モラル・サイエンシーズから経済学を独立させるために書かれた、マーシャルの「経済学教科課程創設の請願」（一九〇二）というパンフレットを引用しているが、その引用からも、ケンブリッジのモラル・サイエンスをめぐる教科の調整の問題意識が窺われる（*The Collected Writings of John Maynard Keynes*, London: Macmillan and Cambridge University Press, 1971–89, vol. 10, p. 222. 以下、本書におけるケインズのテキストの引用はこの『全集』により、Keynes, *X*, p. 222 のように記す。また本文中のケインズの翻訳は基本的にすべて筆者のものであるが、既訳のあるものは参照して大いに益をうけた。この点は、ケインズ以外の著作についても同様である。わが国におけるすぐれた訳業の伝統に深く感謝している)。

第I部　ケンブリッジの哲学者とともに

第一章　ムーア、ラッセル、ウィトゲンシュタインとの交流

(1) ケインズの世代にたいする『プリンキピア・エティカ』の影響と、『マニフェスト』についての解説は、Paul Levy, *Moore: G. E. Moore and the Cambridge Apostles*, London: Weidenfeld and Nicolson, 1979, ch. 7, "Principia Ethica and the 'Manifesto'" を参照されたい。

(2) George Edward Moore, *Principia Ethica*, Cambridge University Press, 1903(深谷昭三訳『倫理学原理』三和書房、一九七三)。

(3) D. Gadd, *The Loving Friends*, London: Hogarth Press, 1974, pp. 23 f.

(4) Keynes, X, p. 435.

(5) Bertrand Russell, *Principles of Mathematics*, Cambridge University Press, 1903.

(6) Russell, *ibid.*, p. xviii. すでに見たように、ムーアやラッセルの『プリンキピア』という表題が、ニュートンの『プリンキピア』に由来していることは明白であり、しかもそれはニュートンの「自然哲学」がヒュームらの「精神哲学」を生みだしたのと類比的に、「精神科学」を生みだそうという彼らの意図を表わしている。

(7) Moore, "The Refutation of Idealism", *Mind*, no. 12, 1903, reprinted in G. E. Moore, *Selected Writings*, London: Routledge, 1993. 以下の簡単な要約は、正確には、ムーアの一八九九年の論文 "The Nature of Judgment" をまじえたものである。ラッセルの概念・命題・判断論は、『数学の原理』四七—五四節に見られる。ムーアの「観念論の論駁」の分析的解説については、Thomas Baldwin, *G. E. Moore*, London: Routledge, 1990 を、ラッセルの初期命題論については、Mark Sainsbury, *Russell*, London: Routledge, 1977 をそれぞ

れ参照されたい。

（8） Moore, *Selected Writings*, p. 5.

（9） Keynes, *X*, p. 444（傍点は原文ではイタリック。以下同様）。

（10） Levy, *op. cit.*, p. 258.

（11） Keynes, *A Treatise on Probability*, London: Macmillan, 1921, reprinted as vol. VIII of *The Collected Writings*.

（12） *The Papers of John Maynard Keynes in King's College Library, Cambridge*, ファイルＴＰ４（本書におけるケインズの未刊行テキストおよび資料は、この *The Papers* のマイクロフィルム版によっている。使用にさいしてはキングズ・カレッジの許可をえている。Unpublished writings of J. M. Keynes copyright The Provost and Scholars of King's College Cambridge 1999. この資料の使用にかんして便宜をはかって下さった、キングズ・カレッジ図書館記録文書係のコックス女史に感謝したい）。Cf. also, Anna Carabelli, *On Keynes's Method*, London: Macmillan, 1988, p. 10.

（13） Russell, *The Problems of Philosophy*, London: Williams and Norgate, 1912, "Preface"（中村秀吉訳『哲学入門』現代教養文庫、一九六八）。ラッセルは、一九二四年に書かれたこの本のドイツ語版の「追記」に、次のように書いている。「私が本書を現在書くとすれば、ある種の倫理的言明をアプリオリなものとみなすことに、もっと消極的であったであろう。そして、私が、後になって出版されたケインズの『確率論』を利用することができたなら、帰納法についてもっと多くのことを述べることができたであろう」。Cf. Russell, *The Problems of Philosophy*, 2nd ed., Oxford University Press, 1998, p. 96. ラッセルはさらに、その最後の哲学的著作『人間の知識』（*Human Knowledge: Its Scope and Limits*, London: George Allen and Unwin, 1948）において、改めて帰納法の問題を論じることになるが、そこでも彼は、「自分の確率概念がケインズに由来する」ものであることを強調しており、また、ケインズと同様に帰納法のための存在論的要請を列挙するという試みを展開している。

(14) この講演全体が出版されたのは一九五三年であるが(Moore, *Some Main Problems of Philosophy*, London: George Allen and Unwin)、一九一〇年以降のムーアの発表論文の多くは、この講演の原稿がもとになっている。すなわち、第一章 "What is Philosophy" は、"A Defence of Common Sense", in J. Muirhead, ed., *Contemporary British Philosophy*, 2nd Series, London: George Allen and Unwin, 1925 に、第二章 "Sense Data" は、"The Status of Sense-Data", in *Proceedings of the Aristotelian Society*, 1913-4 に書きかえられており、一九一八年の論文 "Some Judgments of Perception", in *Proceedings of the Aristotelian Society*, 1918-9 も、第六章の書きかえである。

(15) スコットランドにおける「モラル・フィロソフィー」や「モラル・サイエンス」の用法を簡単に見てみよう。

まず、モラル・サイエンスの「モラル」という形容詞は、ラテン語の「モーレス＝社会的風習、慣習」からきていることは間違いないが、この形容詞が哲学の用語として始めから、「精神的」とか「社会的」という意味をもっていたわけではない(いわんや「道徳的」というニュアンスは稀である)。一七世紀のデカルトやライプニッツの時代には、モラルと対比される形容詞はメタフィジカルで、たとえば certitude morale といえば、形而上学的真理には届かないが、一定の確実性をもっていること、つまり「有限な人間精神にとっては十分に妥当であると認めることができ、したがって行動のさいに有用な基準となる」というような意味であり、ほとんど probable(蓋然的)と同じ意味であった。

この言葉がメタフィジカルとではなく、ナチュラルと対比されて、自然諸科学にたいする精神諸科学、あるいは人間諸科学の領域で用いられるようになったのは一八世紀からで、フランスのエルヴェシウスやコンドルセらが、'l'univers moral'や'sciences morales'という言葉を用いており、同じころスコットランドのスミスやヒュームによっても、「精神の諸問題(moral subjects)に実験的な推論法を導入する哲学」として、'moral philosophy'や'experimental philosophy'という言葉が使われるようになった。いうまでもなく、ハチソンやスミスの「モラル・センティメント＝精神間の共感の感情」という言葉も、この時代のものである(コンドルセのsciences moralesの定義は「人間および人間どうしの関係にかんする科学」、ヒュームの『人間知性探究』におけるmoral philosophyの定義は「人間本性の科学」)。

さて、一七七一年に出版された『エンサイクロペディア・ブリタニカ』初版には、"Moral Philosophy"の定義として、'The science of MANNERS or DUTY; which it traces from man's nature and condition, and shaws to terminate in his happiness'とあり、さらに、'it is likewise called a science, as it deduces those rules from the principles and connections of our nature, and proves that the observance of them is productive of our happiness'とつけ加えられている(『エンサイクロペディア・ブリタニカ』は、初版から一九〇二年の第五版までエディンバラで編集されており、その後編集の中心がケンブリッジに移った。Cf. Deborah Redman, *The Rise of Political Economy as a Science: Methodology and the Classical Economics*, Cambridge/Mass., The MIT Press, 1997, p. 108)。ここで、精神科学については、自然科学と同様の演繹的推論の可能性が認められているとともに、それがわれわれの幸福のために有用であるとも言われている点に注意しよう(同様のことは、コンドルセの用法においても見られる)。

一方、一九世紀のミルの『論理学の体系』(一八四三)第六部「精神科学の論理について」では、'moral science as the study of the empirical laws of Human Nature'と'morality not as a science but as an art'とが明確に区別されており、実証主義的なモラル・サイエンス観が見られる(この点は、コンドルセを批判したコントに類似している)。ミルの実証主義的帰納法解釈に反対したのが、ケンブリッジの「モラル・サイエンス・ファカルティー」の祖の一人ヒューウェルである。

(16) Russell, "On Denoting", *Mind*, no. 14, 1905. reprinted in *Logic and Knowledge*, London: George Allen and Unwin, 1956. ウィトゲンシュタインは「記述の理論」をラッセルの最大の功績と考え、ラムジーやムーアもこれを「分析哲学のパラダイム」と呼ぶ。この見方にしたがえば、一九〇三年ではなく〇五年が、分析哲学の誕生の年ということになる。

(17) Russell, *Theory of Knowledge: The 1913 Manuscript*, London: Routledge, 1992.

(18) 「論理的原子論」については、次の二篇を参照されたい。Russell, *Our Knowledge of the External World as a Field for Scientific Method in Philosophy*, La Salle: Open Court, 1914, ch. 2 'Logic as the Essence of Philosophy'. *The Philosophy of Logical Atomism*, David Pears, ed., London: Fontana, 1972.

(19) 以下の書簡の引用は、Ludwig Wittgenstein, *Cambridge Letters: Correspondence with Russell, Keynes, Moore, Ramsey and Sraffa*, Brian McGuiness and G. H. von Wright, eds., Oxford: Blackwell, 1995 による。

(20) ケインズの生涯および業績全般については多くの優れた解説書があるが、現在の時点でもっとも新しく、また読みやすいのは、福岡正夫『ケインズ』(東洋経済新報社、一九九七)であろう。

(21) Wittgenstein, "Logisch-Philosophische Abhandlung", in *Annalen der Naturphilosophie*, 14-3.4, 1921. (German-English edition with the introduction by B. Russell) *Tractatus Logico-Philosophicus*, London: Routledge and Kegan Paul, 1922(奥雅博訳『論理哲学論考』、ウィトゲンシュタイン全集一巻、大修館書店、一九七五)。

(22) O. Neurath, R. Carnap and H. Hahn, *Wissenschaftliche Weltauffassung: Wiener Kreis*, Vienna: Wolf, 1929.

(23) ラムジーの生涯、業績、そのプラグマティズムの源泉などについては、Frank Ramsey, *Philosophical Papers*, D. E. Mellor, ed., Cambridge University Press, 1990(伊藤・橋本訳『ラムジー哲学論文集』勁草書房、一九九八)を参照されたい(ウィトゲンシュタインにたいする「スコラ主義」という批判は、同訳書一一頁にある)。彼はケインズ編集の『エコノミック・ジャーナル』に、「課税理論への寄与」「貯蓄の数学理論」という二篇の経済学論文も寄稿している。これらは、同じメラー編集の旧版にあたる、Frank Ramsey, *Foundations: Essays in Philosophy, Logic, Mathematics and Economics*, Cambridge University Press, 1978 に収められている。

(24) Wittgenstein, *Cambridge Letters*, p. 212.

(25) *ibid*., pp. 232–5.

(26) Keynes, *X*, p. 336.

(27) ウィトゲンシュタインとスラッファとのあいだの書簡は、一九三八年、ウィトゲンシュタインがイギリスへの帰化を希望した際に、スラッファ、ケインズらに助言を求めたときのもの一通のみが残っている。Wittgenstein, *Cambridge Letters*, pp. 290–2.『哲学探究』の思想とスラッファの経済思想との結びつきについては、菱山泉『スラッファ経済学の現代的評価』(京都大学学術出版会、一九九三)第九章「世界の二つの見方――ウィトゲンシュタインとスラッファ」に詳しい分析が見られるほか、Jean Piere Potier, *Pierro Sraffa—Unorthodox Economist (1898–1983): A Biographical Essay*, London: Routledge, 1991 に、彼とケンブリッジの哲学者たちとの交流のありさまが解説されている。他方、ケインズは、『哲学探究』の先行版であるウィトゲンシュタインの『茶色本』の出版の試みに協力しただけではなく(Wittgenstein, *Cambridge Letters*, p. 133)、一九三八、三九年に書かれた『哲学探究』の最初の部分の草稿を読むことができた、数少ない者の一人であったことが、当時のムーアとケインズの書簡から知ることができる。これらの事情については、John Coates,

The Claims of Common Sense: Moore, Wittgenstein, Keynes and the Social Sciences, Cambridge University Press, 1996, ch. 6, "The Cambridge Philosophical Community" が詳しい。

(28) Wittgenstein, *Über Gewißheit*, Oxford: Blackwell, 1969.

第二章　ケインズの認識論の発展

(1) ケインズは、『一般理論』にたいする批判的分析に答えつつ自説の理論的要点を再説した論文「雇用の一般理論」(『クォータリー・ジャーナル・オヴ・エコノミクス』一九三七年二月号)のなかで、その理論がそれ以前の「伝統的な」経済理論と決定的に異なる点として、不確実性をまえにした「合理的、経済的人間の行動」に焦点を当てた点を挙げ、「おそらく読者は、人間の行動にかんするこの一般的、哲学的考究が、問題となっている経済理論からかなりかけはなれたものと感じるであろう。しかし私自身はそう考えていない」と書いている(Keynes, XIV, p. 115. 傍点は筆者)。『一般理論』の「一般性」のもう一つの意味は、この理論が「経済体系の活動を一つの全体」として考察するという点にある。この点については、第四章注(18)を参照されたい。

(2) Moore, *Principia Ethica*, pp. 6, 17.

(3) *ibid.*, p. 143.

(4) シジウィックの代表作は、Henry Sidgwick, *The Methods of Ethics*, London: Macmillan, 1878 である。いうまでもなく彼はムーアの師の一人である。シジウィック自身はムーアの批判を評して、「私は彼の著書を見るかぎりでは、彼の明敏さ(acumen)――それは驚くほどである――が、彼の洞察力(insight)を上まわっていると思われる」と述べたと伝えられている(Cf. Schneewind, *op. cit.*, p. 17)。ムーアとシジウィックの理論の比較については、ケインズに関する文献のなかでもしばしば言及されている。そのなかでも、Yuichi Shionoya, "Sidgwick, Moore and Keynes: A Philosophical Analysis of Keynes's 'My Early Beliefs'", in Brad-

ley Bateman and John Davis, eds., *Keynes and Philosophy: Essays on the Origin of Keynes's Thought*, Aldershot: Edward Elgar, 1991 は、シジウィックにおける「直観主義」がメタ倫理学と実質的倫理学の双方で用いられ、かつ、直観主義の種類も三種(常識的、教義的、哲学的)に分かれていることを吟味し、二つのレベルの直観主義の協同によって「快楽主義的功利主義」が導かれていることを指摘している。そして、シジウィックにおいては行為の究極目標である「善」が「合理性」と等置されるところから、その内実を説明しなければならない困難が生じているのにたいして、ムーアではこれら二つの主張がともに、善の定義不可能性というメタ倫理学的主張によって退けられている、という重要な指摘を行っている。もっぱらケインズの認識論に注目する本書においては、とくに、シジウィックとムーアの共通点を、常識的な道徳法則を直観主義的な哲学的分析によって基礎づけようとする試みと理解したうえで、その相違点が、直観的自明性を、「道徳に熟練精通した人々のあいだの一致」に還元するのか、それとも「命題を構成する概念間の関係」に帰着させるのか、という点にあると考えたい。そのうえで、ケインズの出発点を、常識的道徳法則の正当化の可能性そのものを疑問視する(言いかえれば、常識は直観と対立する)立場ととらえておきたい。

(5) Moore, *op. cit.*, pp. 162 f.

(6) *ibid.*, pp. 188 f.

(7) 「ケンブリッジ・プラトニスト」とは、カドワースやモアを代表とする、反カルヴィニズム、反ホッブズ主義の思想運動であり、フィレンツェの新プラトン主義とキリスト教信仰の総合を目指したものである。この思想運動については、Ernst Cassirer, *The Platonic Renaissance in England*, New York: Gordian Press, 1970 が詳しい。

(8) Keynes, *IV*, p. 36.

(9) ケインズの政治経済思想全体をこのようなプラトン主義的理想主義と解釈するのは、Athol Fitzgibbons,

Keynes's Vision: A New Political Economy, Oxford: Clarendon Press, 1988 である。

(10) これらは、*The Papers of John Maynard Keynes* のファイルUA19から35に含まれている。

(11) 以下の三篇は、UA19、21、26のなかにある。また、第一章で言及したムーアの「有機的統一の原理」にかんするケインズの議論は、「倫理雑考」に含まれたものであると考えられるが、彼は一九一〇年に「使徒会」でこの問題について発表し、さらに同じものを二一年にも再説している(ファイルUA35)。これら初期論文を利用した研究としては、Robert Skidelsky, *John Maynard Keynes*, vol. 1, *Hopes Betrayed 1883–1920*, London: Macmillan (宮崎義一監訳『ケインズ――裏切られた期待』上下巻、東洋経済新報社、一九八七、九二)、Donald Moggridge, *Maynard Keynes: An Economist's Biography*, London: Routledge, 1992 のほか、次のようなものがある。Carabelli, *op. cit.*, Fitzgibbons, *op. cit.*, Bateman and Davis, eds., *op. cit.*, Rod O'Donnell, ed., *Keynes as Philosopher-Economist*, London: Macmillan, 1991, John Davis, *Keynes's Philosophical Development*, Cambridge University Press, 1994, Bradley Bateman, *Keynes's Uncertain Revolution*, University of Chicago Press, 1996.

(12) この年代は、*The Catalog of the Papers of John Maynard Keynes in King's College, Cambridge*, Cambridge: Chadwyck-Healey, 1995 の記載にしたがった。しかし、この論文の年代については、伝記作者のあいだに論争がある。Cf. Moggridge, *op. cit.*, pp. 131–6. Robert Skidelsky, *John Maynard Keynes*, vol. 2, *The Economist as Saviour, 1920–1937*, London: Macmillan, 1992, p. 655.

(13) この文献表には、エピグラムとして、デカルトの『方法序説』第二部から引用した、「どれほど不条理で信じがたい意見であっても、われわれの哲学者たちの誰かによって主張されなかったような意見はなかった」という言葉がかかげられている。

(14) 以上のテーゼが述べられている主要な箇所は、それぞれ、Keynes, *VIII*, の、(1) p. 3, (2) pp. 3, 126, (3) p. 7,

(4) pp. 4, 10, (5) pp. 12–18, (6) pp. 6, 125–129, 142 f., (7) pp. 31–37, (8) pp. 37–43, 58–61, (9) pp. 77–85 である。

(15) 『確率論』の確率解釈については、拙著『人間的な合理性の哲学——パスカルから現代まで』(勁草書房、一九九七)第三章「ケインズとラムジー」も参照していただきたい。

(16) テーゼ(7)(8)(9)の分析の例としては、それぞれ、次のものがある。D. E. Watt, "Not Very Likely: A Reply to Ramsey", *The British Journal for the Philosophy of Science*, vol. 40, 1989. O. Favereau, "Probability and Uncertainty: 'After All, Keynes was Right'", *Économies et sociétés*, vol. 22, 1988. Rod O'Donnell, "Keynes's Weight of Argument and Its Bearing on Rationality and Uncertainty", in Bateman and Davis, eds., *op. cit.*

(17) 「読者は、この部分(『確率論』第二部「基本定理」)が、ラッセル氏の『プリンキピア・マテマティカ』の影響下でなければ、けっして書かれなかったであろうことを、容易に見てとるであろう」(Keynes, *VIII*, p. 125)。「私が確率にかんする研究のために、数年間のすべての余暇を費やしたとき、私はムーアの『プリンキピア・エティカ』とラッセルの『プリンキピア・マテマティカ』双方の影響下にあった」(「若き日の信条」Keynes, X, p. 445)。

(18) Keynes, *VIII*, p. 121.

(19) *ibid.*, pp. 127 ff. 『プリンキピア・マテマティカ』における「含意」の定義は、*Principia Mathematica*, Cambridge University Press, vol. 1, p. 94 にある。

(20) ここでケインズが「グループ」理論と蓋然性の結びつきを説明するために援用するのは、(当然予想されるライプニッツの「可能世界論」ではなくて)、スピノザの『エティカ』に見られる「必然性」「偶然性」の定義である。ライプニッツについては、次章の注(4)を参照されたい。また、ラッセル自身は、『確率論』の書評(*The Mathematical Gazette*, no. 159, 1922)で、この書を「確率についてこれまで長い期間にわたって現われた研究のうちで、疑いもなくもっとも重要なもの」と手ばなしで称賛し、詳しい紹介を行っているにもかかわらず、奇妙なことに、ケインズのこの部分の議論についてはまったく省略している。同様のことは、ここでの議論に直結する、「実質含意」と区別された「厳密含意」という思想の創始者である、C・I・ルイスの書評(*The Philosophical Review*, 31-2, 1922)についてもいえる。

(21) このような「談話の世界」に相対的な含意という考えの、より整備された形式的体系は、Rudolf Carnap, *Logical Foundations of Probability*, Chicago University Press, 1950や、Robert Stalnaker, "Probability and Conditionals", *Philosophy of Science*, 37, 1970などにおいて展開されたが、それらが完全に成功したかどうかは、現在でも論争中の問題である。

(22) ここでの「基礎作業」の重視は、最初のフェローシップにたいするホワイトヘッドの批判(本書三二頁)を念頭におけば分かりやすい。ケインズはホワイトヘッドの一九〇四年の週三回からなる連続講義に出席した唯一の学生であり、ホワイトヘッドもケインズをラッセルとともに、自分の最良の弟子と認めていた(Cf. Roy Harrod, *The Life of John Maynard Keynes*, London: Macmillan, 1951, pp. 96 f. 塩野谷九十九訳『ケインズ伝』東洋経済新報社、一九六七、上巻一一三頁)。『確率論』のなかでホワイトヘッドは、「詳細な数学的証明さえあれば、その自然世界にたいする適用は保証されている」という(ベルヌーイ、ラプラス以来の)信念にたいする批判者として、重視されている(Keynes, *op. cit.*, p. 361. Cf. Alfred North Whitehead, *An Introduction to Mathematics*, London: Hutchison, 1911)。

(23) Keynes, *op. cit.*, p. 473.

(24) たとえば、「確率はある意味では、……完全な論理的洞察を前提にするものではなく、それは部分的にはわれわれが実際に知っている二次的諸命題に相対的である」(*ibid.*, p. 35)。いうまでもなくここには、論理にかんする直観性と常識性とを融合させようとした、ムーアの『プリンキピア・エティカ』以来のケンブリッジ哲学に特有の視点が、当初のケインズの懐疑にもかかわらず、かえってより拡大したかたちで現われているのであるが、意外なことに、演繹的論理の厳密な形式化に専念したラッセルにおいてでさえ、同様の考えが認められるのである。というのも、彼はそのパラドックスの解消のために提出した「分岐的タイプ理論」を採用した理由として、それが「論理的常識(logical common sense)」に合致する、という理由を挙げるのである。*Principia Mathematica*, vol. 1, p. 37. Cf. also Russell, *My Philosophical Development*, London: George Allen and Unwin, 1959, p. 79(野田又夫訳『私の哲学の発展』みすず書房、一九九七、第七章「『数学原理』――その哲学的側面」、一〇一頁)。

(25) C. D. Broad, "Critical Notice of A Treatise on Probability", *Mind*, no. 121, 1922, p. 72.

(26) 「真理と確率」の内容および「ダッチ・ブックの定理」については、本書一六〇頁以下を参照されたい。

(27) Keynes, *X*, pp. 338 f.

(28) 「ダッチ・ブックの定理」による個人的合理性の正当化は、なぜ認められないのであろうか。ここで簡単に答えておけば、『確率論』によれば確率尺度の「多元性」が、『一般理論』によればわれわれの「不安」に由来する「流動性選好」やアニマル・スピリッツにもとづく衝動が、いずれも期待効用の計算を不可能にするからである。

(29) この回想録の解釈の代表的なものには、次のものが挙げられよう。Harrod, *op. cit.*, pp. 76–81(邦訳、上巻九二頁以下)。Quentin Bell, *Bloomsbury*, London: Weidenfeld and Nicolson, 1968, pp. 74 f.(出淵敬子訳『ブルームズベリー・グループ』みすず書房、一九九一、六〇頁以下)。Q. D. Leavis, "Keynes, Lawlence and Cambridge", in Stanford Rosenbaum, ed., *A Bloomsbury Group Reader*, Oxford: Blackwell, 1993.

(30) Cf. Russell, *Autobiography*, pp. 67 f. ムーアの「沈黙」の解釈は、Paul Levy, *Moore* の主題の一つである。

(31) Keynes, *op. cit.*, pp. 435 f., 448.

(32)　Richard Braithwaite, "Keynes as a Philosopher", in Milo Keynes, ed., *Essays on John Maynard Keynes*, Cambridge University Press, 1975, p. 242（佐伯・早坂訳『ケインズ　人・学問・活動』東洋経済新報社、一九七八、三一四頁）。

(33)　ケインズと帰結主義的倫理説との関係をめぐるブレイスウェイトの解釈については、塩野谷裕一「ケインズの道徳哲学――『若き日の信条』の研究」（『季刊現代経済』臨時増刊（五二号）、一九八三）に厳密な批判的分析が見られる。

(34)　ブレイスウェイトの倫理学は次のものに示されている。Braithwaite, *Theory of Games as a Tool for the Moral Philosopher*, Cambridge University Press, 1955. 以下、本節では、ムーア／ラムジー＝ブレイスウェイト／後期ウィトゲンシュタインの流れを、理想主義的帰結主義／個人主義的帰結主義／暗黙的慣習説ととらえているが、この流れをメタ倫理学の観点からいえば、直観的客観主義／個人的感情表出説／生の形式説ということになる。後期ウィトゲンシュタインの言語ゲーム理論にもとづく道徳論の可能性は、Peter Winch, *Ethics and Action*, London: Routledge, 1972（奥・松本訳『倫理と行為』勁草書房、一九八七）、Hilary Putnam, *Pragmatism*, Harvard University Press, 1995 などで追究されている。

(35)　Keynes, *op. cit.*, pp. 438–40, 447.

(36)　「われわれの言語に含まれるどの文にも「そのままで秩序がある」ことは明らかである。すなわち、われわれは、自分たちの慣用している通常のあいまいな文章には、いまだ完全無欠な意義など存在していないので、完全な言語は自分たちによってまず構成されなくてはならないなどと考えて、理想を追いもとめているのではない、ということである」。Wittgenstein, *Philosophische Untersuchungen*, Oxford: Blackwell, 1953, art. 98（藤本隆訳『哲学探究』ウィトゲンシュタイン全集八巻、大修館書店、一九七六、九四頁）。同書七七節には、おそらくはムーアの『プリンキピア』を批判的に念頭におきつつ、「われわれの美学や倫理学における概念の定義」もまた「あいまいなもの」「ぼやけた絵」でしかありえない、というコメントがある。ウィトゲンシュタインの「ゲームの規則」をめぐる考察は、『哲学的文法』(一九三三年前後)の頃より見られる。この「規則にしたがうこと(rule following)」という概念の認識論的重要性をもっともするどく指摘したのは、Saul Kripke, *Wittgenstein on Rules and Private Language*, Harvard University Press, 1982(黒崎宏訳『ウィトゲンシュタインのパラドックス』産業図書、一九八三)である。しかし、言語ゲーム論が浮きぼりにする「根拠なき合理性」としての規則や規約の問題は、単に認識論上の懐疑論との関係にとどまらず、(次節の最後でも触れることになるように)ゲームや規則の「記述と批判」というメタ哲学的問題、あるいは、共同体の一般的信念と個人における批判的意志との関係という、より深刻な問題もひきおこす。ウィトゲンシュタインにおけるこの問題の解釈では、Anthony Kenny, "Wittgenstein on the Nature of Philosophy", in *The Legacy of Wittgenstein*, Oxford: Blackwell, 1984 が参考になる。

(37) Keynes, *VII*, pp. 383 f.

(38) Keynes, *XXVIII*, p. 42.

(39) Keynes, *VII*, p. 245.

(40) *ibid*., p. 161.「アニマル・スピリッツ」という言葉は、哲学史においては、デカルトの『情念論』の用語「動物精気」としてもっとも有名である。このテキストにかんするケインズの大学時代のノートは、*The Papers* ファイルUA4―6にある。しかし、デカルト自身がプラトン-アリストテレス以来の用語を借用したのであり、その意味は各時代の生理学的理論背景におうじて、かなりまちまちである。一方この言葉が、生理学用語から心理学用語に変わったのは、ほぼ一九世紀に入ってからである。ケインズにおけるこの言葉の理解と役割については、Alexander Dow and Sheila Dow, "Animal Spirits and Rationality", in Tony Lawson and Hashem Pesaran, eds., *Keynes' Economics: Methodological Issues*, London: Croom Helm, 1985 が参考になる。

(41) 『クォータリー・ジャーナル・オヴ・エコノミクス』掲載の論文「雇用の一般理論」には「不確実な知識」と「蓋然的知識」の明確な区別が示されており、後者にはルーレットの結果や寿命、天候が含まれるが、前者には「ヨーロッパ戦争の可能性」や「一九七〇年の社会システムにおける私有財産所有者の位置」などが挙げられている。これらの事柄については、「いかなる計算可能な確率を形成するための科学的根拠もまったくない」のである(Keynes, *XIV*, pp. 113 f.)。ケインズの経済思想を「不確実性」を中心にして解釈する研究は近年非常に数多くあるが(たとえば、Sheila Dow and John Hillard, eds., *Keynes, Knowledge and Uncertainty*, Aldershot: Edward Elgar, 1995 や Bateman, *op. cit.* など)、この主題については、菱山泉の「ケインズにおける不確定性の論理」(『思想』五一四号、一九六七)を中心とする一連の研究が、世界的にみても先駆的なものの一つであろう。

(42) Keynes, *VII*, p. 203.

(43) *ibid.*, p. 152.

(44) 論文「雇用の一般理論」では、不確実性をまえにした「合理的、経済的人間」の基本的信念として、次の三つが挙げられている。「(1)われわれは、未来よりも現在のほうが役にたつ指針となるということを、これまでの経験にたいする虚心な吟味が明らかにするであろう程度以上に、強く想定している。(2)われわれは、価格によって表現されているところの、現時点での意見の状態と、現在の生産物の性質とが、将来のさまざまな見通しについての正しい総括によって生じたものであり、したがって、われわれは何か関連性のある新しい事態が生じないかぎり、それをそのまま受け入れることができる、と想定している。(3)われわれは自分の個人的な判断が価値をもたないことを知っているので、おそらくはより情報をもつであろうと思われる、世の中の他の人々の判断に頼ろうとする。すなわち、われわれは大多数、あるいは平均的な行動に順応しようとする。各人が他人を模倣しようとしているような社会の心理は、厳密には規約的判断と名づけられるべきものへと向かう」(Keynes, *XIV*, p. 114)。

（45） Keynes, *VII*, p. 156.

（46） *ibid.*, p. 155.

（47） *ibid.*, pp. 150 f.

（48） 「消費性向」「流動性選好」「長期的期待」は、いずれも規約への参照を含み、また相互に関係しあっているが、その不確実性の性質はたがいに独立である。ここには、『確率論』のテーゼ(8)と同様の多元論が示されているわけであるが、『一般理論』では同時にこれらが、それぞれ労働者(消費者)、投資家、企業家の心理的特性として述べられているという意味で、社会における階層的な多元性としても示されている。

（49） ウィトゲンシュタインの規約主義、とくに数学の哲学におけるその主張の解釈には多様なものがあり、いまだに統一的見解があるとはいえない。もっとも代表的な参考論文は、次の二つである。Michael Dummet, “Wittgenstein's Philosophy of Mathematics”, in *Truth and Other Enigmas*, London: Duckworth, 1978. Barry Stroud, “Wittgenstein and Logical Necessity”, *Philosophical Review*, vol. 74, 1965. しかし、S. G. Shanker, *Wittgenstein and the Turning Point in the Philosophy of Mathematics*, London: Croom Helm, 1987は、これらの解釈以上に数学の哲学における大きな「ターニング・ポイント」があったとするべきである、と論じている。

（50） 「一般意志」と個人的判断の緊張関係については、『条約の改訂』でも触れられている(Keynes, *III*, pp. 125 f. Cf. Keynes, *IX*, p. 42)。

第Ⅱ部　古典的哲学者とともに

第三章　科学方法論をめぐる歴史的考察

（1）Keynes, *VIII*, pp. 295–305. このあとに、"induction"と"cause"という言葉についての歴史的覚書が続く。

（2）「ベイコンとミルにもっとも特徴的ないくつかの誤謬は、……二人ともほとんど躊躇することなく、帰納法が完全に確実な結論をうち立てることができ、帰納的推論は、その一般化が例外を許すならば正当ではない、と信じたところに起因すると思われる」。Keynes, *VIII*, p. 297. ヒュームについては本章第三節を参照されたい。

（3）Keynes, *X*, p. 109. ついでながら、父ネヴィル自身の科学方法論について触れておくと、それは、「適切な方法とは、探究される科学の部門や側面に応じて、抽象的か現実的、演繹的か帰納的、数学的か統計的、仮説的か歴史的かの、いずれでもありうるのである」というきわめて折衷的なものであった。John Neville Keynes, *The Scope and Method of Political Economy*, London: Macmillan, 4th ed., 1917, p. 30.

（4）正確には、この「歴史的覚書」のなかには、もう一人「完全に無視するわけにはいかない名前」として、「偉大なライプニッツ」が挙げられている。ライプニッツの名前はそもそも、『確率論』冒頭の第一行から登場する（「本書の主題はまず最初にライプニッツの頭脳に浮かんだものであって、彼は二三歳のときに、ポーランド王の選定の方法をめぐって、確率を論理学の一部とする学位論文を書いたのである」Keynes, *VIII*, p. xxv)。ケインズがライプニッツを重視するのは、彼の学生時代のころにラッセルとクーテュラによって、それまでのライプニッツ解釈を完全に書き換える研究が発表され、ラッセルらの「論理主義」の先駆者としてのライプニッツに脚光が当てられるようになったからである（Russell, *A Critical Exposition of the Philosophy of Leibniz*, Cambridge University Press, 1900. Louis Couturat, *La logique de Leibniz*, Paris: Alcan, 1901)。本書で何度か強調しているように、ライプニッツがロックの強力な批判者であることを考えれば、（たしかにその

「序文」でのロック評価や、その後の『人物評伝』序文での「ロック・コネクション」の強調はまぎらわしいが)、『確率論』でのケインズの立場とイギリス経験論との対立は明白である。

古典的確率論の歴史のなかでのライプニッツの位置については、Ian Hacking, *The Emergence of Probability*, Cambridge University Press, 1975 の分析がもっとも示唆にとむ。また、ライプニッツとケインズが共有した、分配の正義にかんする期待値によるアプローチをめぐる問題意識については、Nicholas Rescher, *Essays in the History of Philosophy*, Aldershot: Avebury, 1995, ch. 12 "Leibniz, Keynes and the Rabbis on a Problem of Distributive Justice" が参考になる。

(5) Keynes, X, p. 468. 批判されているティンベルヘンの著書は、Jan Tinbergen, *A Method and its Application to Investment Activity* (vol. 1 of *Statistical Testing of Business-Cycle Theories*), Geneva: League of Nations, Economic Intelligence Service, 1939. この表題にある「一方法」とは、econometric business-cycle research であり、著者はこれを「統計的景気循環研究」と「数理経済理論」の総合であると述べている。

(6) Keynes, *XIV*, p. 320.

(7) *ibid*., pp. 285 f.

(8) *ibid*., pp. 296 f.

(9) このことは、ケインズ自身の理解においてもそうなっているように見える。「三〇年ほど前に私は、二変数相関にかんする統計的記述からの帰納的一般化への移行という、危なっかしい問題を検討することに長い時間を費やした。そして今日、多変数相関の時代においても、この点についてはその問題がすっかり改善されたとは思われない」(「ティンベルヘン教授の方法」Keynes, *XIV*, p. 315)。この連続性はしかし、『確率論』と『一般理論』の存在論・方法論上の連続性として理解するよりも、経験主義的な確率・統計解釈にたいする彼の一貫した批判的態度として理解されるべきであろう。

(10) 現代の代表的なニュートン研究者ウェストファールは、ケインズのニュートン論を、「ニュートンを神聖視するという既成のパターンからの完全な離脱」と評している(Richard Westfall, *The Life of Isaac Newton*, Cambridge University Press, 1994, p. 316)。ここでいう「科学的パーソナリティー」という概念も、ウェストファールのものである。

(11) Keynes, *VIII*, p. 274.

(12) Keynes, *X*, pp. 364 f.

(13) ケインズがニュートンの遺稿を購入したのが一九三六年、「方法論」の諸テキストが書かれたのが三八―三九年、彼がニュートン研究に没頭したのが三九年である(Cf. Keynes, *X*, p. 375)ことを考えれば、これらの一致は自然なことである。ただし、ティンベルヘンの計量経済学を「黒魔術」と批判したケインズが、「魔術師」ニュートンに科学の精髄を見出すのは矛盾しているのではないか、という疑問も生じよう。この点については、ニュートン自身が「黒魔術＝自分の利益のために神秘的な超能力を得ようとする術」と「白魔術＝真理の発見によって社会全体の幸福を願うための秘法」という区別を重視しており、ケインズもこの区別を踏襲したのだという、興味ぶかい研究がある。Cf. Wayne Parsons, *Keynes and the Quest for a Moral Science: A Study of Economics and Alchemy*, Cheltenham: Edward Elgar, 1997.

(14) David Hume, *An Abstract of A Treatise of Human Nature 1740*, Cambridge University Press, 1938.「編者序文」は Keynes, *XXVIII*, pp. 373–90 に収録されている。

(15) ヒュームの『梗概』をめぐるケインズとスラッファの応酬は、*The Papers of John Maynard Keynes* のファイルPP64に含まれている。このファイルにはケインズが、ヒュームについてのカントの知識や内容について複数のカント学者に問い合わせた書簡なども含まれている。これらの一部は、Athol Fitzgibbons,

op. cit., Appendix, "The Missing Notes on Kant" でも読むことができる。

(16) Keynes, *VIII*, pp. 302 f.

(17) Keynes, *IX*, pp. 272 ff.

(18) Hume, *A Treatise of Human Nature*, Book 2, Part 3, Section 3. Revised edition of P. H. Nidditch, Oxford University Press, 1978, p. 416. ヒュームにおける理性と情念の関係にかんするより好意的な解釈については、神野慧一郎『モラル・サイエンスの形成――ヒューム哲学の基本構造』(名古屋大学出版会、一九九六)を参照されたい。

(19) パスカルからラプラスにいたる確率論の体系化と、ベイズ主義の誕生までの歴史については、拙著『人間的な合理性の哲学――パスカルから現代まで』(勁草書房、一九九七)第一・第二章を参照していただきたい。

(20) Pierre Simon Laplace, *Essai philosophique sur les probabilités*, in *Œuvres complètes*, Paris: Gauthier-Villars, 1886, vol. 7, p. cliii.

(21) Cf. Robert Skidelsky, *John Maynard Keynes: The Economist as Saviour*, p. 56.

(22) Laplace, "Cause", in *Œuvres*, vol. 8, p. 31. *Théorie analytique*, in *Œuvres*, vol. 7, p. 402.

(23) Keynes, *VIII*, p. 416.

(24) *ibid.*, p. 419.

(25) 実際のラプラスの論述は、ここでの批判をすでに予期した注意ぶかいものである。ケインズの批判も、その具体的な議論は、ラプラスを応用したピアソンやエッジワースからとられている。ラプラスの確率思想の詳細については、内井惣七訳『確率の哲学的試論』(岩波文庫、一九九七)の「訳者注」および「解説」を参照されたい。なお、先に挙げたティンベルヘンにたいする批判とここでのラプラス批判との並行関係については、Carabelli, *op. cit.* が詳しい。また、計量経済学の方法論が、ここでケインズが批判しているような、数学的実在論と実証主義(あるいは道具主義)の無反省的な混合になっているのではないか、という問題提起が、Tony Lawson, "Realism and Instrumentalism in the Development of Econometrics", *Oxford Economic Papers*, no. 41, 1989 になされていて参考になる。

(26) Laplace, *Essai philosophique*, in *Œuvres*, vol. 7, p. vi.

第四章　ケインズの科学方法論

(1) C. D. Broad, *Ethics and the History of Philosophy*, London: Routledge and Kegan Paul, 1952, p.142. ブロード自身の帰納法にかんする論文は、"On the Relation between Induction and Probability" という表題で、『マインド』誌に二回にわたって掲載された(一九一八、二〇)。「哲学のスキャンダル」という言葉は、カントが『純粋理性批判』で、それまでの哲学における外界の存在証明の不備をさしていった言葉であり、帰納法の問題とは別のものであるが、カントの哲学内部ではこれらは密接に結びついている。

(2) Ramsey, "Truth and Probability", in *Philosophical Papers*, p. 93(邦訳、前掲『ラムジー哲学論文集』一三二頁)。

(3) 正確にいえば、ケインズ自身帰納法の根源が、原始社会における「アニミズム」を生みだすような、「傾向または衝動または本能」にあるだろうという考えを、すでに『確率論』において肯定している(Keynes, *VIII*, p. 275)。この「アニミズム」への注目が、『一般理論』の「アニマル・スピリッツ」にも間接的なしかたで生かされているように思われる。

(4) 以上の肯定的アナロジーと否定的アナロジーの区別は、ベイコンやミルにおける enumerative induction と eliminative induction の区別に対応している。また、証拠の事前確率と仮説に条件づけられた証拠の確率との比較から、逆に仮説の確率を高めるという考えは、次注で触れる「無差別の原理」を別にすれば、基本的にベイズやラプラスらの古典的確率論における「ベイズ主義」の思想とほぼ同一の発想である。

（5）「等確率」あるいは「等可能」というのは、たとえばダイスを投げたとき、個々の目が出る確率が等しいというような事態をさすが、ベイズやベルヌーイ、ラプラスにおいては、一般に、われわれがその背後にある真の原因を「知らない」現象については、それにかんする仮説は等しい蓋然性をもつとみなすべきであるとされた(Cf. Thomas Bayes, "An Essay towards Solving a Problem in the Doctrine of Chances", Proposition 9, Scholium, reprinted in E. Pearson and M. Kendall, eds., *Studies in the History of Statistics and Probability*, London: Charles Griffin, 1970)。この考えを「不充足理由律(The Law of Insufficient Reason)」と呼ぶことは、J. von Kries, *Die Prinzipien der Wahrscheinlichkeitrechnung*, 1871 に由来する。

ケインズは、この等確率の原理が無制限に認められると、たとえば、ある現象の背後に、a、b、c、dという四つの仮説を認めるべきか、a＋b、c、dの三つの仮説を認めるべきか不明な場合、cの仮説は異なった値をとるといった、不条理が帰結することを指摘し、等確率は「無知」あるいは「不十分な理由」にもとづくのではなく、たとえばa、b、c、dが一つの「関連性」のもとで「無差別」であることが、直接知られていることにもとづかねばならない、と考えた(そのために彼は「不充足理由律」を「無差別の原理」と呼び変えた。Keynes, *VIII*, p. 44)。しかし、「談話の世界」における関連性をもとにしたグループの特定、という考えそのものが十分に形式化できない以上、この原理の適用可能性も疑わしいものになる。

（6）Keynes, *ibid.*, p. 277.

（7）*ibid.*, p. 284. ケインズはこの「自然の斉一性についての解釈が、相対性理論によって影響をうけるだろうか」、という疑問を表明している(*ibid.*, p. 276)。

（8）*ibid.*, p. 276.「法的原子」という言葉が何に由来するのかは不明であるが、以下に述べるように、この原子の事例の一つが個々の人間精神、あるいは意識であることを勘案すると、この原子はライプニッツのモナド、すなわち「精神的単子」に近いものではないかとも考えられる(ライプニッツでは物質も単子からなるが、それらは「裸のモナド」である)。ケインズとライプニッツとの関係については、第三章注(4)を参照されたい。

(9) 引用の三つのパラグラフはそれぞれ、*ibid.*, p. 293, p. 291, p. 294.

(10) フォン・ノイマンとモルゲンシュテルン、サヴェッジの理論は、John von Neumann and Oskar Morgenstern, *Theory of Games and Economic Behavior*, Princeton University Press, 1947, Leonard Savage, *The Foundations of Statistics*, New York: John Wiley and Sons, 1954 に、ベイズ主義的意思決定理論の標準的なものは Richard Jeffrey, *The Logic of Decision*, New York: McGraw-Hill, 1965 に、それぞれ示されている。ベイズ主義を仮説の検証理論として解釈した、ベイズ主義的検証理論の今日における代表的なテキストは、Colin Howson and Peter Urbach, *Scientific Reasoning: The Bayesian Approach*, La Salle: Open Court, 1989 である。

(11) Ramsey, *op. cit.*, p. 84(邦訳一一九頁以下)。

(12) Keynes, *VII*, p. 152.

(13) ケインズにとっては、ベイズ主義への応用以前に、ダッチ・ブックによる合理性の根拠づけそのものが、賭ける側の心理として非現実的であるばかりでなく、胴元の心理としても非現実的であるとされる。この点はすでに『確率論』において主張されている(Keynes, *VIII*, pp. 23 f. 本書第二章注(28)も参照されたい)。また、『一般理論』の不確実性の解釈においては、「短期的期待」と「長期的期待」の異種性が強調されるが、この問題は、時間をつうじた「知識」の変化の問題とからめて、サヴェッジの理論にたいする批判としても取りあげられることになり(Cf. Ian Hacking, "Slightly More Realistic Personal Interpretation of Probability", *Philosophy of Science*, 34, 1967)、その後の「通時的ダッチ・ブック」の試みをうながすことになった。

(14) 以上のような間主観的ベイズ主義の構想は、Donald Gillies, "Intersubjective Probability and Confirma-

tion Theory", *British Journal for the Philosophy of Science*, 42, 1991, Donald Gillies and Grazia Ietto-Gillies, "Intersubjective Probability and Economics", *Review of Political Economy*, 3-4, 1991 に見られる。

(15) このような総体的信念形成のモデル化の試みの例として、Keith Lehrer and Carl Wagner, *Rational Consensus in Science and Society*, Dordrecht: Reidel, 1981 が挙げられる。

(16) コンドルセの「社会数学」のテキストは、Marquis de Condorcet, *Sur les élections et autre textes*, Paris: Fayard, 1986 に収められている。その具体的な内容については、前掲拙著『人間的な合理性の哲学』第二章を参照されたい。

(17) ベイズ推定の方法を総体的信念形成の論理に応用した諸理論については、Christian Genest and James Zidek, "Combining Probability Distributions: Critique and Annoted Bibliography", *Statistical Science*, 1-1, 1986 に詳しい分析と文献解説が見られる。また、Roger Cooke, *Experts in Uncertainty: Opinion and Subjective Probability in Science*, Oxford University Press, 1991 は、以上のようなさまざまな信念形成の論理を科学方法論に応用する可能性をめぐって、形式的な手順を踏んで体系的に説明している。

(18) 「私は自分の理論を一つの一般理論と呼んだ。それによって意味しているのは、私が主として問題にしているのが、……総所得、総利潤、等々からなる、一つの全体としての経済体系の活動であるということである。そして私は、この体系から孤立的に取りだした一部についてえられる正しい結論を、全体としての体系に拡張することによって、これまでいくつかの重大な誤りがなされてきた、ということを論じるのである」(『一般理論』「フランス語版序文」、Keynes, *VII*, p. xxxii)。

(19) *ibid*., pp. 297 f.

(20) *ibid*., p. 249.「図式」という言葉は、カントの認識論において、知性のカテゴリーを感性的直観の多様な対象に適用するさいに、構想力によって提供される媒介項の意味で用いられるが、ケインズの用法もほぼそれに準じていることに注意する必要がある。

(21) すでに『確率論』のなかにも、日常言語あるいは「日常の方法」と、確率概念や帰納法の原理との結びつきを示唆した箇所はいくつも見られるが、その説明はさらにあいまいである。Cf. Keynes, *VIII*, pp. 37, 71, 290.

(22) *Keynes's Lectures, 1932–35: Notes of a Representative Student*, transcribed, edited and constructed by Thomas K. Rymes, The University of Michigan Press, 1989, pp. 101 ff.(平井俊顕訳『ケインズの講義・1932–35年』東洋経済新報社、一九九三、一一四頁以下)。ここでの「スコラ主義」の定義と、「経済学に必要なことは、一方で不明確さを、他方でスコラ主義をさけることである」という主張は、実は、ラムジーの一九二九年の論文「哲学」からそっくり転用したものである(Cf. Ramsey, *op. cit.*, p. 7. 邦訳一一頁。「われわれの哲学における主たる危険は、怠惰と不明確さとを別にすれば、スコラ主義であり、その本質は、あいまいなものをあたかも厳密なものであるかのようにあつかい、それを厳格な論理的カテゴリーにあてはめようとすることである」。Cf. also Keynes, *X*, p. 343)。ここでラムジーがスコラ主義の例として念頭においているのは、本書四七頁で見たように、前期のウィトゲンシュタインの哲学である。ケインズはラムジーのこの哲学論をそのまま経済学にもあてはめているのであり、この点からも、ケインズにたいするラムジーの影響の大きさが認められるとともに、彼における経済学と哲学との密接なつながりの認識が見てとれる。

(23) このようなプロトタイプ説の例として、Eleanor Rosch, "Principles of Categorization", in Rosch and B. B. Lloyd, eds., *Cognition and Categorization*, Hillside: Lawrence Erlbaum, 1978. George Lakoff, *Women, Fire, and Dangerous Things: What Categories Reveal about the Mind*, University of Chicago Press, 1987 などがある。

(24) William W. Whewell, *The Philosophy of the Inductive Sciences*, London: John W. Parker, 1840 (reprint,

London: Routledge/Thoemmes Press, 1996), vol. 1, pp. 454, 458. 後期ウィトゲンシュタインの「家族的類似性(family resemblances)」については、『哲学探究』六七節を参照されたい。

(25) このような知覚経験の無限の「投射可能性」を、ヒュームの懐疑論にかわる「帰納法の新しい謎」として定式化し(「グルーのパラドックス」)、その克服のために「堅固な述語」という考えを導入したのは、ネルソン・グッドマンである。Nelson Goodman, *Fact, Fiction, Forecast*, 4th ed., Harvard University Press, 1983 (雨宮民雄訳『事実・虚構・予言』勁草書房、一九八七)。

(26) ここでいう、第一一章「資本の限界効率」の新古典派的分析を、投資家たちにおける「かのような(as if)」経験、あるいは現象的知覚とする解釈については、Carabelli, *op. cit.*, pp. 222 ff. を参考にした。

(27) Ramsey, "Theories" in *op. cit.*, pp. 112 ff.(邦訳一六一頁以下)。この論文の最終的な目標は、二次システムにあらわれる述語をさらに変項化し、それに辞書と公理とを加えることによって、一切の経験的内容を捨象したいわゆる「ラムジー文」へと、理論を還元することであった。ラムジー文の具体的な性格については、Richard Braithwaite, *Scientific Explanations*, Cambridge University Press, 1953 の説明が分かりやすい。Jerzy Giedymin, "Hamilton's Method in Geometrical Optics and Ramsey's View of Theories", in D. H. Mellor, ed., *Prospects for Pragmatism: Essays in Memory of F. P. Ramsey*, Cambridge University Press, 1980 は、ラムジーの立場を「理論にかんする規約的構造主義」と規定している。また、Carl Hempel, *Aspects of Scientific Explanation*, New York: Free Press, 1965 は、理論的言明と対比される観察言明の認識論的位置を、理論に先行して利用可能な言語(antecedently available language)と解釈して、経験と理論との関係を時間的・発展的に捉えるみかたを示しているが、この考えも、ここでの日常言語の論理にもとづく一般化の分析にちかい。

(28) Thomas Kuhn, "Afterword", in Paul Horwich, *World Changes: Thomas Kuhn and the Nature of Sci-*

ence, Cambridge/Mass., MIT Press, 1993. Cf. also, Kuhn, "What are Scientific Revolutions?", in Lorenz Krüger, Lorraine Daston and Michael Heidelberger, eds., *The Probabilistic Revolution*, vol. 1, Cambridge/Mass., MIT Press, 1987. そのほか、ウィトゲンシュタインの言語ゲーム論とソシュールの構造言語学を結びつけて、社会科学の対象構成の論理をあつかった、Gilles-Gaston Granger, *Essai d'une philosophie du style*, Paris: Armand Colin, 1968 も、ここでの問題を考察するための重要な参考文献である。

結び　新しいモラル・サイエンティスト

(1)　Skidelsky, *Keynes: The Economist as Saviour*, p. 292.

(2)　一つ目の引用は、Wittgenstein, *Philosophische Untersuchungen*, arts. 89, 97、二つ目の引用は *ibid.*, art. 81 からの抜粋である。ウィトゲンシュタインは一九三五年の講義のなかでも、論理的対象についての「発見」と「構成」の対比について語り、前者の(誤った)論理観に立つ例として、フレーゲ、ラッセルとともに『確率論』のケインズの名前を挙げている。Alice Ambrose, ed., *Wittgenstein's Lectures, Cambridge, 1932–1935*, Oxford: Blackwell, 1979, pp. 138 f.

(3)　ラムジーのいう「規範学としての論理学」は、チャールズ・パースの「規範学の理論(theory of normative sciences)」から導入されたものである。パースは三つの規範学として、論理学、倫理学、美学をあげ、経験科学はこの順番で、より根底的な基礎を与えられると考えた。パースの規範学の理論の詳細については、拙著『パースのプラグマティズム』(勁草書房、一九八五)を、ラムジーにおけるパースからの影響関係の具体的経緯については、C. S. Hardwick, *C. S. Peirce and Victoria Lady Welby: Semiotics and Significs*, Bloomington: Indiana University Press, 1977 を、それぞれ参照されたい。

(4)　Wittgenstein, *op. cit.*, arts. 132, 122.

（5） *ibid*., art. 415.

（6） *ibid*., art. 109.

（7） *ibid*., arts. 109, 90, 309.『哲学探究』の言語分析の手法を社会科学の方法に応用しようとしたピーター・ウィンチは、社会科学が、「理解」という概念の分析を軸にした、さまざまな概念体系の認識論的、哲学的研究であるべきであることを強調している。Peter Winch, *The Idea of A Social Science and Its Relation to Philosophy*, London: Routledge and Kegan Paul, 1958（森川真規雄訳『社会科学の理念』新曜社、一九七七）。そして彼は、認識論者としての社会科学者の反省的理解が、社会参加者の非反省的理解を必ず前提にしているはずであることの例として、ケインズの「流動性選好」の概念を挙げている。

（8） Keynes, *XIV*, pp. 115 f.『一般理論』における貨幣についてのもっとも端的な規定は、「貨幣の重要性は本質的に、それが現在と将来とを結びつけるリンクであることに由来する」、あるいは「貨幣のもつ有意義な属性とは、それが現在と将来とをリンクする精妙な手段であることである」、というものである。Keynes, *VII*, pp. 293, 294.

（9） Wittgenstein, *op. cit*., art. 123.

（10） Keynes, *XIV*, pp. 114 f. 引用中の「三つの原理」については、第二章注（44）を参照されたい。

（11） ケインズは経済学者たちの陣営を、「現存の経済システムが、長い目でみれば自己調整的である」とする正統派と、これを否定する異端派とに二分して、自分自身を（いくつかの留保を加えたうえで）後者の側に分類している。Keynes, "Poverty in Plenty: Is the Economic System Self-Adjusting?", *The Listner*, Nov. 1934 (Keynes, *XIII*, pp. 485 ff.)

（12） Keynes, *VII*, p. xxi.「序文」のための一草稿は、「本書はいくつかの点で非常に論争的な書物である」という文章から始まっていて、経済学における論争の意義を分析している。Keynes, *XIII*, pp. 469 ff. 経済学が経済現象に内在する自己欺瞞の強化という側面をもつことを、ケインズ自身は「いつわりの合理化(false rationalization)」と呼んでいるが(Keynes, *XIV*, p. 122)、これを「合理化の合理化」あるいは「二重の合理化」と呼ぶこともできる。Cf. Sheila Dow, "Keynes's Epistemology and Economic Methodology", and Anna Carabelli, "Comment", in R. M. O'Donnell, ed., *Keynes as Philosopher-Economist*, London: Macmillan, 1991. この「いつわりの合理化」の批判が、本書九三頁で見た、「人間本性についてのいつわりの合理説」という自己批判に直結する思想であることは、容易に理解できるであろう。

(13) 間宮陽介『モラル・サイエンスとしての経済学』(ミネルヴァ書房、一九八六)は、ケインズの理論が、「貨幣がみずからの存在理由を生み出す要因とみずからを存続せしめる要因との二つを自己の経済の中に組み入れ組織化する」構造を明らかにするような、一つの「貨幣経済のソシオ・ロジック」であると性格づけたうえで、それがさらに、「公正観念や慣習などの社会要因が賃金や価格に硬直化の傾向を与える」という事実にまで踏み込んで、分析を掘りさげるべきであったという非常に重要な指摘を行っている。おそらくはケインズにおけるこの点の不徹底が、のちにその社会像を「万華鏡的な経済」とする解釈(G. S. L. Schackle, *Keynesian Kaleidics*, Edinburgh University Press, 1974)や、より最近の「ポストモダンの思想家」としてのケインズという解釈(Jack Amarigio and David Riccio, "Keynes, Postmodernism, Uncertainty", in Sheila Dow and John Hillard, eds., *Keynes, Knowledge and Uncertainty*, Aldershot: Edward Elgar, 1995)を生みだした原因であろう。

あとがき

ケインズは二〇世紀の代表的な思想家のなかでも、とりわけ多面的でカラフルな活躍を示した思想家である。彼はなによりもわれわれの世紀を代表する経済学者であったが、同時に外交官、新しい芸術活動の後援者、会社経営者などでもあった。本書はこうしたヒュドラ的な思想家ケインズの業績のうち、これまで論究されることの比較的少なかった、彼の哲学理論を掘りさげて考察してみようとしたものである。

経済理論の歴史を書きかえた思想家のなかには、スミスやマルクスなど、第一級の哲学者でもあった者が少なくない。ケインズもまたそうした哲学的基礎をもった経済学者であったことはよく知られているが、彼の哲学理論そのものがどのようなものであったのかは、それほど明確に理解されているとはいえない。その理由はいろいろ考えられるが、最大の理由はおそらく、彼の属した哲学の世界が、今世紀イギリスの「分析哲学」という、かなり抽象的、形式的な理論構成に偏った哲学の学派であったということにあるだろう。分析哲学の基本的な問題関心がどこにあるかということは、その歴史がいまだわれわれにとって近い過去に属しているということもあって、かえって見えにくいものになっているのである。

本書は、この分析哲学の発展に重要な役割をはたした、ケインズの『確率論』を考察の中心におき、そこから彼の代表作である『一般理論』の意味を考えてみようとしたものである。

『確率論』はケインズのもっとも若い時期に属する著作であるが、そこにはムーアとラッセルという偉大な哲学者たちの思想を総合して、一つの包括的な認識論・科学論を完成しようという意図がこめられていた。その理論は、「確率主義」にもとづく知識一般の基礎づけの野心的な試みとして、今でもつねに参照される現代哲学の古典としての価値をもっている。しかし実際には、ケインズ自身はさまざまな理由から、この理論がそのままでは維持できないものであると考えるようになって、さらにラディカルな認識論の立場を採用するようになった。この理論転換は、分析哲学のなかでの重要なターニング・ポイントに連動したものであるとともに、『一般理論』の社会理論の構築を可能にした主要な契機の一つともなっていた。したがって、純然たる哲学者から経済学の大家へ、という彼の変貌の過程のなかには、彼の哲学上の問題意識そのものの展開ということが本質的に関与していて、『一般理論』の経済理論の少なくとも一面には、まさしく哲学者ケインズの理論的到達点というものが示されている、と考えることができるのではないか——。これが本書で示そうとした彼の哲学像である。

本書ではこのような考えに沿って、これまであまり注目されることのなかった、彼の論理分析や形式的な科学方法論、あるいはそれらのための認識論的基礎づけの議論の具体的な内容を取りあげた。そのさいとくに、考察が形式的な分析に偏りすぎないようにするために、彼の議論の背景にある思想史的な問題意識についても、できるだけ光をあてるように努めた。ケインズの思考のスタイルの一つの特徴は、旺盛な歴史的関心ということにあると思われるが、その関心を共有することによって、われわれもまた、彼の抽象的な議論にこめられたメッセージをより容易に理解できるようになるだろうと考えたからである。はたして、ケインズの思想は今なお生きた思想であるといえるのか。この問題は、まさに世紀の変わり目をむかえようとしている現在、ますます強く意識される問題であるが、われわれの世紀の意味そのものを理解するためにも、今一度より広い歴史的なパースペクティヴにもどって考えることが必要なのではないか。これも、彼の思想史的問題意識をとりあげた理由である。

ただし、問題をこのように狭い意味での哲学の主題にかぎったために、本書が伝える哲学者ケインズのプロフィールには、多少欠けている面があることも事実である。なによりも、ケインズの哲学というときに、その「哲学」には厳密にいえば、当然のことながら彼の道徳哲学や政治哲学も含まれなければならないはずであるが、本書ではこれらを包括する「モラル・サイエンス」という概念の意味のほうに議論を集中して、その実際の内容についてはほとんど触れることができなかった。この点を不満に思われる読者もおられることと思う。

また、経済学については門外漢の手になるケインズ論であるために、彼の経済理論について思わぬ誤解や歪曲を犯している面もあるだろうと想像される。これらの点を含めて、読者の方々からの忌憚のない御批判、御意見をたまわりたいと願う次第である。

本書をまとめるにあたっては、多くの方々から御教示や御協力をいただいた。内容の基本的な部分は京都大学文学部での講義がもとになっているが、それ以外にもいくつかの部分は、東京大学大学院総合文化研究科での集中講義や、日本科学哲学会でのワークショップ、その他の学会などで発表した。これらの機会や個人的な問い合わせをつうじて、テクニカルな分析や資料にかんして助言を与えてくださった方は少なくない。これらすべての方々の御厚意にたいして、この場所を借りて心からお礼を申しあげたい。

岩波書店編集部の中川和夫氏にはたいへんお世話になった。とくに、執筆途中のいくつかの時点で、内容にかかわる細かい相談にのっていただき、それによって全体の基調や方向づけを定めることに力を貸していただいたことを、深く感謝している。あつくお礼申しあげたい。

一九九九年四月

著　者

岩波人文書セレクションに寄せて

ジョン・メイナード・ケインズは主として二〇世紀の前半に活躍した経済学者、思想家、実務家であるが、彼にたいする近年の関心は非常に高いものがある。その理由は明らかで、ケインズが対処しようとした世界大恐慌と同じくらい大きな規模の、時には「一〇〇年に一度」とも言われるような世界経済の混乱が、ここ数年の間に間断なく生じているからである。何よりも二〇〇七年のアメリカのサブプライムローン問題に端を発する金融危機は、リーマン・ショックという形で世界経済に壊滅的な大混乱を惹き起こしたが、その余波は未だに完全に収まっているとは言い難い。むしろ、この大混乱の影響が完全には清算されずにそのまま残った形で、ヨーロッパの国々を起点とする深刻な経済不安の連鎖の懸念がもう一度強まってきている、とさえ言えるのが今日の状況である。

このような経済不安の時代において、ケインズは今日の我々に何を教えることができるのだろうか。この点について、三巻からなる浩瀚なケインズの伝記の著者として有名なロバート・スキデルスキーは、近著の『なにがケインズを復活させたのか? ポスト市場原理主義の経済学』(日本経済新聞出版社、二〇一〇年)のなかで次のように言っている。経済学という学問の主流派を占める諸々の理論は、この数十年にわたる学問的興隆のなかで、さまざまな手法や高度な論理を駆使して華々しい発展を示してきたにもかかわらず、経済市場の需給がつねに均衡するというその根本にある考えを共有しているために、大規模な経済危機にたいして提言するべき決定的な方策をもちえなかった。これにたいして、ケインズの思想はその基本原理として、社会における人間の未来への判断が不確実性という非常に強い制約のもとにあり、また人間が非合理性という性格を本来的に具えていることを前提としているがゆえに、計算主義的、合理主義的対処という観点のみを基礎においた主流派経済学では与えることのできない、実践的な対応を将来にたいして提言することができる。それは、経済のレッセフェール的活動に積極的な介入を行う政府の関与や、雇用の確保のための政策の施行という形で、経済危機のさらなる深刻化への防波堤を導入する必要があるという思想である。

本書『ケインズの哲学』は、こうした一連の世界的経済危機に連動したケインズ復活の流れよりも前に書かれたものであるが、その主題としている問題は、まさしくスキデルスキーがケインズ思想のコアと見る「不確実性」と「不合理性」という概念である。本書は経済学者としてのケインズではなく哲学者としてのケインズに焦点を当てているが、それは彼が哲学者としても第一級の知識と論理的分析力を具えた思想家であったことをしっかりと確認する必要があると思われるからであり、何よりも彼の「不確実性」と「不合理性」をめぐる哲学的議論は、この主題にかんする現代哲学と経済学双方の議論にとって決定的な寄与をなしたと思われるからである。

本書で何度か強調しているように、ケインズはたまたま哲学の議論にも秀でた経済学者であったわけではない。彼はまさしくケンブリッジ大学における哲学の黄金時代に、その代表的な思想家たち（ラッセル、ホワイトヘッド、ウィトゲンシュタイン、ラムジーら）ときわめて密接な交流をもつことを通じて、経済学という社会哲学ないし精神科学(モラル・サイエンス)の一部門ともいうべき学問の基礎を、哲学的にも十分な仕方で固めていった思想家である。彼は「不確実性」や「不合理性」という概念の意味にかんして、(『確率論』に代表される)その初期の理論と、(『一般理論』に結実した)後期の理論で相当な変化を見せたが、この思想的転換はケンブリッジの哲学の流れの変化にも呼応したものであった。その哲学の流れを牽引した主人公はウィトゲンシュタインであるが、ケインズの不確実性などをめぐる理論上の変化は、彼とウィトゲンシュタインとの友情を背景にして解釈することでより明瞭に理解されるのではないか、というのが本書の全体を貫く議論のライト・モチーフである。

このストーリーの具体的な内容については本書に当たっていただくほかはないが、このたび岩波人文書セレクションという新しい形で本書を出すに際して、現在の私の関心からさらに強調しておきたいと思われることは次の二点である。

一つは、ケインズの知的背景に占める哲学史的知識の重要性については、本書でも一定程度紹介したつもりであるが、その重みあるいは奥行きについて、さらに強調されてもよいかもしれない、という点である。本書で言及したように、初期ケインズの『確率論』におけるパスカル、コンドルセ、ニュートン、ヒューム、ラプラスらに対する科学哲学的、認識論的批判は、友人のラッセルも恐れた第一級の知性だけが示しうるような鮮やかな鋭さをもっている。しかし、ケインズにおけるこうした哲学的批判力が、デカルトやスピノザ、ライプニッツらの古典的哲学への通暁に裏打ちされたものであったことは、もう一度注目されてもよいであろう。彼の「蓋然性」や「必然性」の理解がスピノザの『エティカ』のなかの議論に由来しているという事実や、人間の知性への過信にたいするデカルトの皮肉な視点への共感は、『確率論』の本文やその「巻末文献」のエピグラムを通じてうかがうことができる。そして、『一般理論』に登場するいわゆる「アニマル・スピリッツ」という有名な概念が、何よりもデカルトを軸に展開された考えであることは、哲学史における常識であるともいえよう。

このことは、本書の発刊当時は邦訳がなかったために直接原文に当たらざるをえなかった、彼の哲学の主著ともいうべき『確率論』が、今日では非常に読みやすい日本語となっていることで、容易に確かめることができるようになっている（ケインズ『確率論』ケインズ全集第八巻、佐藤隆三訳、東洋経済新報社、二〇一〇年）。読者は是非この訳書を開いて、「哲学者としてのケインズ」の知識の広さと深さ、哲学的問題への洞察力の驚くべき鋭さを十分に堪能していただきたいと思う。

ケインズについて改めて注目しておきたいと思う第二の点は、この哲学史の問題にも関係するが、とりわけ彼の「不確実性」という概念をめぐる柔軟な発想ということに関係する。近年のケインズ研究においてしばしば議論され、本書もその点について大いに関心を払っている問題の一つは、彼がその生涯のなかで、確率にかんする解釈をラッセル流の狭い意味での論理主義的観点から『一般理論』での「長期的期待」に含まれる確率論へと移行すると同時に、（『確率論』出版と同じころにシカゴ大学のナイトによって発表された）「リスク」と「不確実性」という重要な区別についても、同様の問題意識を強くもつようになったのではないか、という問題である。

ケインズの思想的発展にかんするこのような事柄はたしかに事実であり、また重要な論点であると思われる。とはいえ、別の見方をすると、合理性についての柔軟な理解の下で、不確実性をめぐる多元的理解の重要性という考えを一貫して保持したケインズの哲学、という側面にももう一度光が当てられるべきではないかと思われる。というのも、本書の第二章2節「『確率論』の認識論」で指摘しているように、ケインズは当初から「多元的確率」あるいは複数の異種的確率のシリーズや「論証の重み」のような、複雑かつ新鮮な考えを提示していたのであり、まさしくこの不確実性への多元的な視点こそ、今日の「不確実性(リスク)の証券化」などという、徹底して一元化された経済的合理性への強力な異議申し立てを提供できるように思われるからである。

ケインズは『確率論』の冒頭で、この論考を、「ライプニッツが二三歳の折にポーランド王の選出の仕方について論考を書いた際に、確率を論理学の一分野として構想したことで、初めて彼の精神のなかに生まれた」主題を発展させるべく、著わしたのだと述べている。そして、そのライプニッツによる「新しい論理学」の内容とは、具体的にはその『人間知性新論』において展開された不確実性の多元論ともいうべきものであったと論じている。

ライプニッツは『人間知性新論』において、「裁判における訴訟手続きの形式全体が、実際、法律問題に適用された一種の論理学にほかなりません」と書いて、「証明・推定・憶測・状況証拠」という不確実性の概念的ネットワークの「論理」構造について論じている。そしてケインズもこのような発想を大いに称賛している。しかし、ライプニッツは一方では、この法律における不確実性の論理だけが唯一の論理でないことを強調しており、ケインズもその多元性にこそライプニッツの天才が活かされていたのだと論じる。チャンスゲームや賭けにおいて問われる数学的期待値としての不確実性の処理、訴訟における証明や憶測や状況証拠にかかわる不確実性の論理、医学の領域で認められる「症状や症候に多くの程度や差異があること」——。

これらはいずれも等しく不確実性にかかわる合理的な判断の形式であり、その意味で重なり合う面もある諸形式であるが、互いにストレートに還元することは不可能な独立性をもった、複数の「確率のシリーズ」である。確率と合理性にかんする「論理学」とは元来、このような複数の不確実性の領域を包含するような論理学であったのではないか。われわれは、不確実性が算術との参照のもとで区別される領域以上に、質的に異なった知的活動において多様に広がる基礎概念であり、その概念地図はきわめて複雑なものであるということを、ケインズが初めから意識していたというべきである。合理性についての非常にダイナミックで多元的な視点の必要性――。私はこのことが今日の経済的合理性にかんするあまりにも偏った一元的理解にたいして、有効な解毒剤になることができると考えるのである。

二〇一一年九月

著　者

■岩波オンデマンドブックス■

ケインズの哲学

1999年 6月28日　第1刷発行
2011年11月9日　人文書セレクション版発行
2015年 8月11日　オンデマンド版発行

著　者　伊藤邦武《いとうくにたけ》

発行者　岡本　厚

発行所　株式会社　岩波書店
〒101-8002　東京都千代田区一ツ橋2-5-5
電話案内　03-5210-4000
http://www.iwanami.co.jp/

印刷／製本・法令印刷

ISBN 978-4-00-730262-6　　Printed in Japan